Guía de campo de
WORD 2007

Guía de campo de

WORD 2007

Francisco Pascual González
Mª Carmen Morales

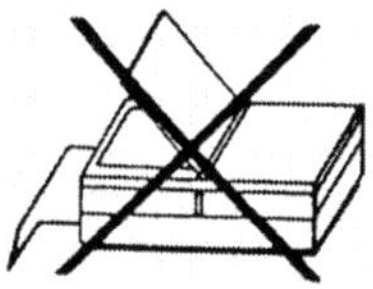

La ley prohíbe
fotocopiar este libro

Guía de campo de Word 2007

Editado por:
RA-MA Editorial
Calle Jarama, 3A, Polígono Industrial Igarsa
28860 PARACUELLOS DE JARAMA, Madrid
Teléfono: 91 658 42 80
Fax: 91 662 81 39
Correo electrónico: editorial@ra-ma.com
Internet: www.ra-ma.es y www.ra-ma.com
ISBN: 978-84-7897-823-6
Depósito Legal: M-42889-2007
Autoedición: Autores

Para mi amigo Salvador Aldeguer.
Gracias por descubrirme
el fascinante mundo del doblaje.

ÍNDICE

INTRODUCCIÓN

Uno de los tipos de programas más populares y empleados de la actualidad es el procesador de textos. Microsoft Word es posiblemente uno de los más conocidos, si bien existen varios otros que no han pasado desapercibidos durante los últimos años, por ejemplo, WordPerfect, AMI Pro de la compañía Lotus (ahora WordPro de IBM) o WordStar.

Microsoft Word ha ido ganando usuarios por sus excelentes prestaciones y sencillez de manejo. Las diferentes versiones de Word aparecidas últimamente presentan ciertas características nuevas muy potentes que lo sitúan entre los mejores procesadores de texto del momento.

Con un sistema como éste, se pueden crear y administrar textos de todo tipo, desde un sencillo documento pequeño como una carta hasta un libro completo.

COMIENZO

Una vez en Word, presentará un aspecto similar al siguiente:

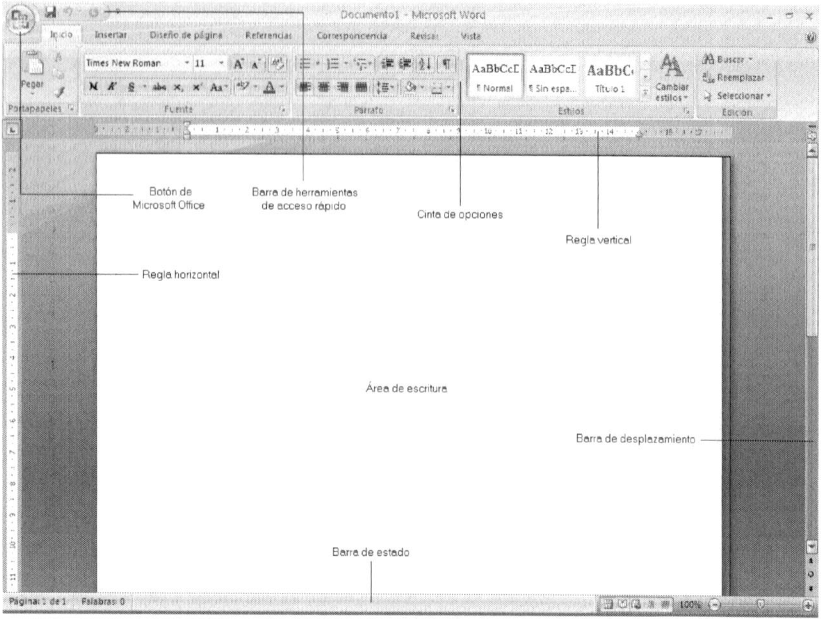

1. **Botón de Microsoft Office** (o **Botón de Office**). Contiene el menú con las opciones principales (**Abrir**, **Guardar**, **Imprimir**, etc.).

2. **Cinta de opciones**. Contiene botones con las funciones del programa organizadas por fichas. Al pulsar sobre los botones, las tareas que tengan asociadas entran en funcionamiento. Haciendo clic en las fichas se cambia de cinta para acceder a otros botones y, por tanto, a otras funciones.

3. **Barra de herramientas de acceso rápido**. Contiene botones con las funciones más utilizadas. Podemos añadir y eliminar los botones que deseemos a esta barra.

4. **Reglas horizontal y vertical**. Como su nombre indica contiene una regla que nos facilita la colocación de elementos en el texto. También tiene otras funciones como permitir el cambio de márgenes, la colocación de tabuladores y la disposición de sangrados. La regla se puede activar y

desactivar mediante el botón **Regla** (▢) que puede verse sobre la barra de desplazamiento vertical, en la parte superior derecha de la ventana.

5. **Área de escritura**. Superficie donde se desarrolla el texto. Simula el papel sobre el que normalmente se escribe. El área de escritura puede presentarse en varios modos, como se verá más adelante.

6. **Barras de desplazamiento**. Permiten desplazarse por el texto.

7. **Barra de estado**. Muestra en todo momento la situación en que se encuentra el usuario en el texto: la página y sección, la posición actual del cursor, etc.

TECLADO Y DESPLAZAMIENTOS A TRAVÉS DEL TEXTO

Además de las teclas alfabéticas con las que tecleamos el texto, Word ofrece ciertas teclas que añaden funcionalidad y agilizan el desplazamiento por el texto:

Funciones del teclado

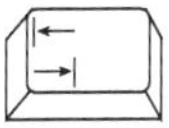

El **TABULADOR** se utiliza, al igual que en las máquinas de escribir, para generar una serie de espacios en blanco. Suele usarse, por ejemplo, en el inicio de un párrafo. Si nos encontramos en un cuadro de diálogo de una aplicación Windows, la tecla de tabulación se utiliza para pasar de un elemento a otro de dicho recuadro. Si el párrafo ya está escrito y pulsamos la tecla delante de él varias veces, el párrafo se sangrará (hablaremos de la sangría de los párrafos más adelante).

La tecla **BLOQ MAYÚS** fija las mayúsculas, de modo que si está activa, las teclas alfabéticas aparecerán automáticamente en mayúsculas al ser pulsadas. Esta tecla funciona como un interruptor, es decir, si se vuelve a pulsar esta tecla, se desbloquean las mayúsculas y se vuelve a escribir en minúsculas.

La tecla **INSERT** funciona como un conmutador que activa el modo *inserción* o el modo *sobrescribir*. Con el modo inserción, al escribir, las letras que haya detrás de lo que tecleamos se desplazan haciendo hueco a lo que vamos escribiendo, de modo que lo que se teclea queda situado en medio. Con este modo sobrescribir, el texto que se teclea va reemplazando una a una las letras que ya hubiese escritas en el texto.

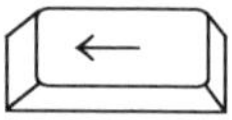

La tecla de **BORRAR IZQUIERDA** elimina el carácter que esté situado inmediatamente a la izquierda del cursor.

La tecla **SUPR** (suprimir) elimina el carácter que esté situado a la derecha del cursor.

Desplazamientos por el texto

La tecla **INICIO** nos lleva al principio de la línea de texto en la que nos encontremos.

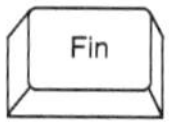

La tecla **FIN** nos lleva al final de la línea de texto en la que nos encontremos.

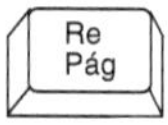

Para retroceder hacia atrás aproximadamente el número de líneas que quepan en ese instante en la ventana, pulsamos la tecla **RE PÁG**.

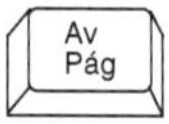

Para avanzar hacia delante aproximadamente el número de líneas que quepan en ese instante en la ventana, pulsamos la tecla **AV PÁG**.

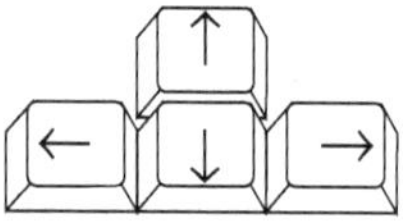

Las teclas del cursor (flechas) desplazan el cursor una posición en la dirección indicada por la flecha de la tecla que se pulsa. Por ejemplo, al pulsar la tecla **CURSOR ARRIBA** (↑) el cursor se desplaza a la línea superior a aquella en la que éste se encontrara.

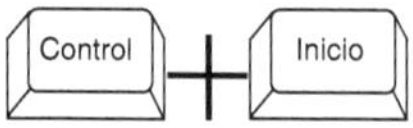

Para desplazarse al principio del texto se pulsan las teclas **CONTROL + INICIO**.

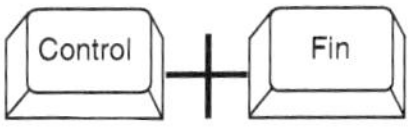

Para desplazarse al final del texto se pulsan las teclas **CONTROL + FIN**.

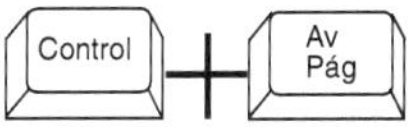

Para desplazarse al principio de la página siguiente se pulsan las teclas **CONTROL + AV PÁG**.

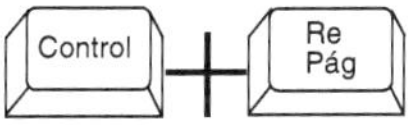

Para desplazarse al principio de la página anterior se pulsan las teclas **CONTROL + RE PÁG**.

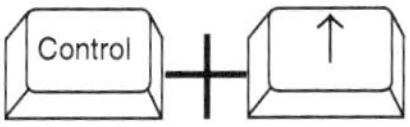

Para desplazarse al principio del párrafo anterior se pulsan las teclas **CONTROL + CURSOR ARRIBA**.

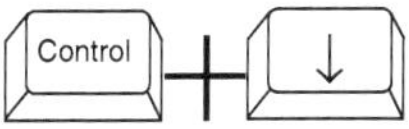

Para desplazarse al principio del párrafo siguiente se pulsan las teclas **CONTROL + CURSOR ABAJO**.

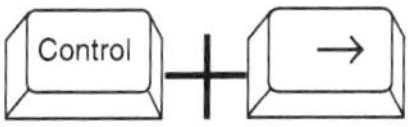

Para desplazarse al principio de la palabra siguiente se pulsan las teclas **CONTROL + CURSOR DERECHA**.

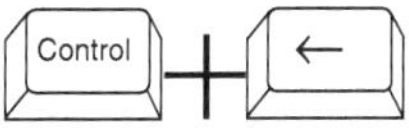

Para desplazarse al principio de la palabra anterior se pulsan las teclas **CONTROL + CURSOR IZQUIERDA**.

El cuadro *Ir a*

Resulta muy cómodo, sobre todo en documentos grandes, acceder a un lugar concreto del texto de una forma rápida y sencilla.

Para ello se dispone de la función **Ir A**, que se localiza desplegando el botón 

de la cinta de opciones **Inicio** y que se puede activar igualmente mediante las teclas **CONTROL + I**. Se obtiene el siguiente cuadro:

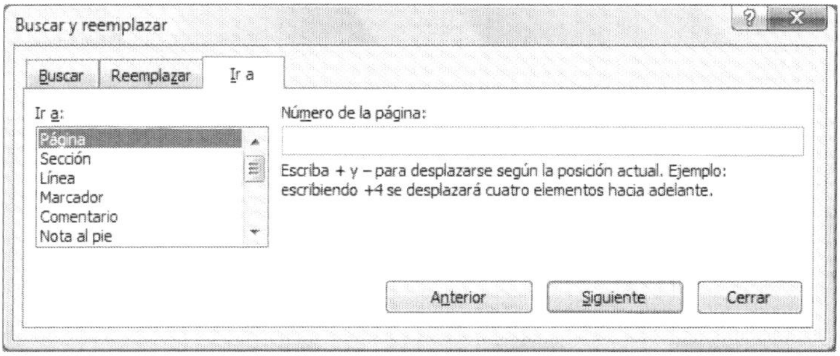

Con este cuadro se accede rápidamente a cualquier parte del texto que se especifique. Para ello, se decide a qué elemento se desea llegar en la lista **Ir a:** pudiendo elegir entre **Página**, **Sección**, **Línea**, **Marcador**, etc.

Una vez seleccionado el elemento en la lista (**Página**, por ejemplo), en el cuadro de texto ***Número de la página*** se especifica el número de aquella a la que se desea acceder. Word llevará al principio de la citada página. La tarea se lleva a cabo igualmente con secciones, notas a pie de página, etc.

Podemos ayudarnos de los botones [Anterior] y [Siguiente], con los que podremos acceder a la otras partes seleccionadas de la lista.

Desplazamientos a través del texto sin el uso del teclado

Podemos desplazarnos a través del texto mediante las **Barras de desplazamiento**. Cuando nos encontramos en Word, aparece a la derecha de la ventana una barra de desplazamiento vertical y, así mismo, en la parte inferior, una barra de desplazamiento horizontal.

El funcionamiento de las barras de desplazamiento es el mismo, tanto si hablamos de las horizontales como de las verticales.

Los botones que contienen las flechas se utilizan para desplazarse en la misma dirección que indican las flechas. Según los utilizamos para desplazarnos, el rectángulo azul del interior de la barra se va moviendo en su interior indicando nuestra posición relativa dentro de la ventana, cuya totalidad representa la barra completa. La barra de desplazamiento puede usarse de tres modos distintos:

1. Llevando el puntero del ratón sobre uno de los botones de las flechas y haciendo un clic sobre él. El desplazamiento que se produce es escaso (aproximadamente equivalente a una línea de texto en el caso de las barras de desplazamiento verticales).

2. Utilizando el propio rectángulo. Se pulsa sobre él y se arrastra en cualquier dirección de la barra. Al soltar el botón del ratón, nos desplazamos a la posición relativa de la información en la que hayamos situado el cuadrito.

3. Mediante la barra en sí, pulsando en el espacio existente entre el rectángulo y una de las flechas. El espacio desplazado es, aproximadamente, el equivalente al número de líneas que es capaz de contener la ventana; aunque, de nuevo, nos referimos al caso en que utilicemos la barra de desplazamiento vertical.

LA CINTA DE OPCIONES

La práctica ausencia total de menús en la versión 2007 de los programas de Office hacen de la cinta de opciones el elemento principal con el que se accede a todas las funciones de cada programa.

En esta versión de Office es necesario que el usuario "cambie el chip" y olvide los menús como elemento principal de acceso a las funciones. Microsoft apuesta en este caso por una evolución de las barras de herramientas de forma que un usuario pueda ver diferentes grupos clasificados por fichas con los que acceder a las funciones cotidianas. Aun así, el nuevo método exige una adaptación que lleva cierto tiempo. Sin embargo, el acceso a las funciones de la cinta de opciones, sin el uso del ratón, resulta realmente simple y es recomendable que sea éste el método habitual de trabajo de todo aquel usuario que sea un mecanógrafo razonablemente rápido.

Cuando se pulsa la tecla **ALT** aparecen varias letras resaltadas superpuestas a las fichas y elementos de la cinta, al pulsar la tecla de esa letra se activa la ficha, momento en el cual aparecerán más letras o números, incluso a pares, que al ser pulsadas activarán la función correspondiente. Por ejemplo, si se pulsa **ALT** y luego las teclas **O** (letra o) y **1** (número uno) se activa la letra **Negrita** (aunque los atajos antiguos siguen estando vigentes, por ejemplo, también puede activar y desactivar la negrita pulsando **CONTROL+N** como siempre).

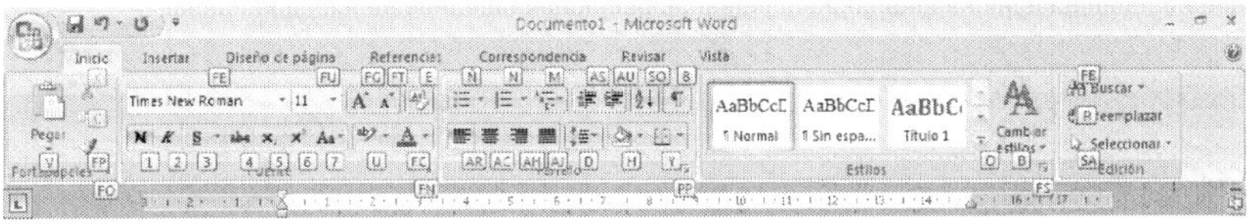

Hay un modo sencillo de acceder a los botones de la cinta. Consiste simplemente en pulsar y soltar la tecla **ALT**. Luego, se emplean las teclas del cursor para desplazarse por las fichas y los botones hasta que se alcanza el que se desea activar, momento en el que se pulsa **INTRO**.

Además, al llevar el ratón sobre un botón u otro elemento de la cinta y mantenerlo ahí detenido unos instantes, aparece un cuadro de ayuda que informa sobre la función de ese elemento.

HERENCIA DE LAS LÍNEAS

Algo importante que debe tenerse en cuenta al desarrollar textos con Word es que cada vez que se pulsa la tecla **INTRO** para pasar a una nueva línea, ésta hereda las funciones que existan en la anterior.

Aunque aún no hemos visto funciones como tabuladores, bordes o alineación de texto, vamos a adentrarnos ligeramente en ellas para que quede claro lo que deseamos exponer.

Supongamos que, en la línea de texto en la que nos encontremos, creamos un tabulador a dos centímetros del margen izquierdo y que activamos el centrado de líneas. Cuando terminemos de escribir el párrafo y pulsemos **INTRO** para pasar al siguiente, éste contendrá el mismo tabulador en la misma posición y el mismo tipo de alineación, es decir, el texto centrado.

Las imágenes que podrá ver a lo largo del libro se muestran al estilo de Windows Vista. Si utiliza otro sistema operativo, podrá apreciar cambios como el estilo de los botones o el borde de las ventanas pero la función de éstas será idéntica a la que vamos a exponer.

CAPÍTULO 1

ARCHIVOS Y DOCUMENTOS CON WORD

En este capítulo vamos a estudiar cómo trabajar con un documento completo de Word. Las tareas que vamos a contemplar son:

1. La creación de textos nuevos.
2. Opciones al archivar.
3. Ver previamente el texto antes de imprimirlo.
4. Imprimir el texto.

CERRAR Y CREAR NUEVOS DOCUMENTOS

Si desea abandonar el texto actual sin salir de Word, puede cerrarlo.

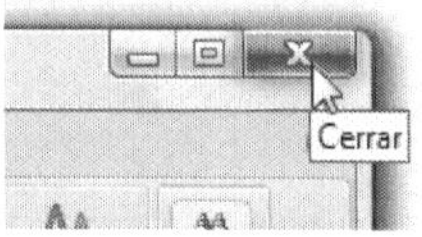

Para ello, basta con seleccionar la opción **Cerrar** en el menú del **Botón de Office**, o bien pulsar el botón  que aparece en la parte superior derecha de la ventana del texto.

Si el documento en cuestión fue modificado, Word le preguntará si desea grabar esas modificaciones antes de cerrar el texto.

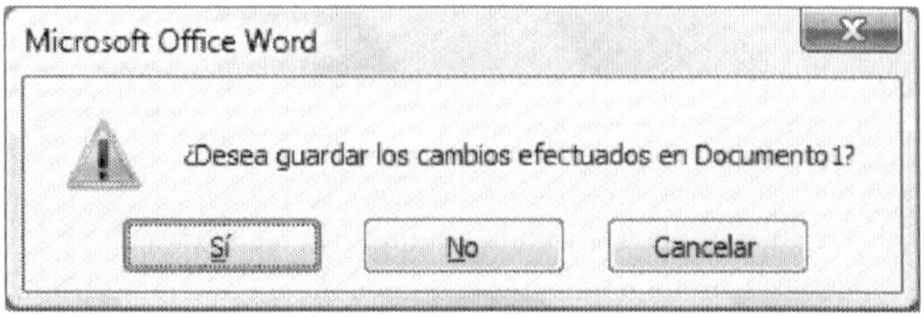

Nuevos textos

Para acceder a un nuevo texto vacío y escribir en él, hemos de utilizar la opción **Nuevo** del **Botón de Office**:

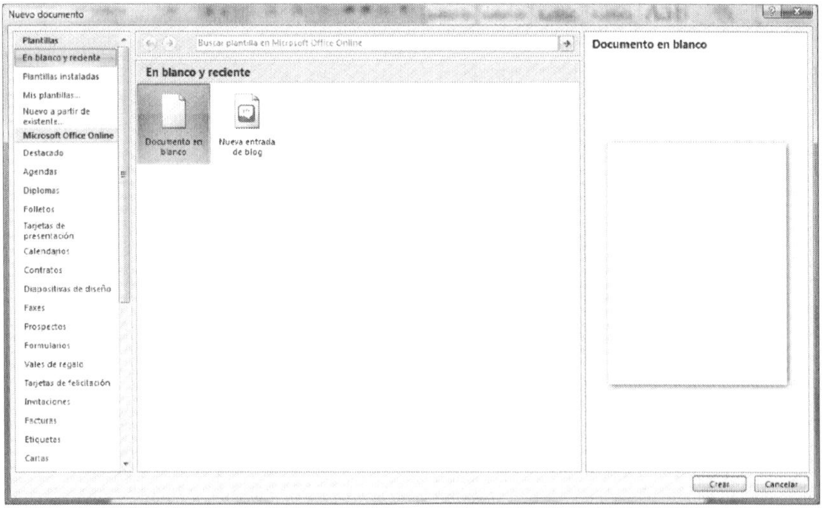

Con esta ventana podremos especificar qué clase de documento nuevo deseamos crear. Permite elaborar uno con formato específico para un determinado trabajo, ahorrándonos la tarea de tener que definirlo nosotros.

Por ejemplo, si se va a crear un currículum en la lista de plantillas de la **Izquierda** se puede seleccionar **Currículos**, que ofrecerá varios tipos.

Para crear un documento vacío active el icono **Documento en blanco** en las **Plantillas** pertenecientes a **En blanco y reciente**.

ARCHIVAR Y ABRIR DOCUMENTOS

Word permite almacenar en disco la información que se desarrolla con él. De este modo, podremos grabar textos para, posteriormente, abrirlos y continuar trabajando con ellos.

Abrir documentos

Para abrir un documento, tenemos varias posibilidades: pulsar las teclas **CONTROL + A** o seleccionar la opción **Abrir** del menú **Botón de Office**. El sistema muestra un cuadro de diálogo en el que se establecen los datos del documento que deseamos abrir (puede verlo en la página siguiente):

1. Se utiliza el panel izquierdo (la lista **Buscar en** si tenemos instalado Windows XP) para indicar la situación actual del documento. Gracias a esta lista podremos elegir la unidad de disco o carpeta en que se encuentra el documento. Al hacerlo se mostrarán los archivos y carpetas encontrados ahí. Las carpetas puede distinguirlas porque aparecen junto al icono (en Windows XP). En las carpetas puede hacerse un doble clic para acceder a su interior y ver, a su vez, los archivos y carpetas que haya en ella.

2. Puede utilizarse cualquier nombre de la lista para abrir el documento. Para ello, haga clic sobre el archivo deseado. Recuerde que si el elemento que seleccione tiene el icono , no está seleccionando un documento sino una carpeta.

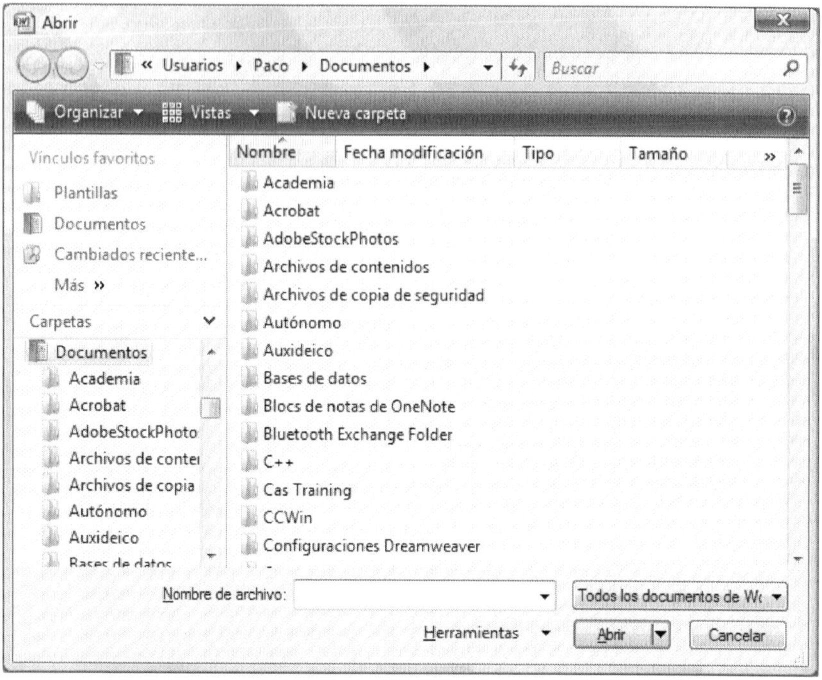

3. Si no se utiliza ningún nombre de la lista, deberá utilizarse **Nombre de archivo** para escribir el nombre del documento que se desea abrir. En este caso, puede desplegarse la lista para obtener los últimos nombres de documentos archivados. De este modo, si se desea abrir uno de esos documentos, bastará con elegirlo en la lista.

4. Se puede indicar el formato en que está grabado el documento si se utiliza el botón  (la lista **Tipo de archivo**, si se tiene Windows XP). En la lista aparecen los nombres de otros programas cuyo formato es soportado por Word (textos que se hayan almacenado, por ejemplo, con WordPerfect, en formato HTML de Internet, en formato RTF o versiones anteriores del propio Word).

5. Una vez seleccionados esos datos se emplea el botón  para mostrar el documento y manipularlo (añadirle datos, modificarlos, borrarlos, etc.). El botón se puede desplegar y ofrecerá entonces varias funciones extra:

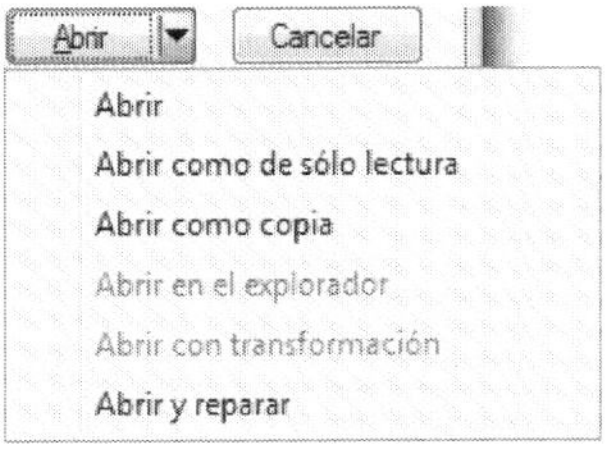

- **Abrir**: únicamente abre el documento.

- **Abrir como de sólo lectura**: abre el documento pero sin permitir grabar los cambios que hagamos en él (aunque sí podremos grabarlo con otro nombre).

- **Abrir como copia**: hace una copia del documento y la abre de modo que podremos modificar su información sin alterar el archivo original.

- **Abrir en el explorador**: se emplea únicamente con textos HTML, ya que abre el documento en Internet Explorer.

- **Abrir con transformación** permite abrir un documento XML que tenga transformaciones XSL sin emplear aquellas que no utilice. Esta función sólo está disponible al abrir un archivo XSL.

- **Abrir y reparar**: se emplea para abrir un documento reparando, dentro de lo posible, los errores que contenga.

Otra posibilidad más es la de seleccionar más de un documento para abrirlo:

1. Una de las formas de seleccionar varios archivos es hacer varios clics con el ratón sobre algunos textos manteniendo pulsada la tecla **CONTROL** (o **CTRL**).

2. Puede realizarse de una segunda forma si los textos que se van a seleccionar aparecen contiguos en la lista. En este caso, se selecciona el primero que se desea utilizar y, con la tecla de **MAYÚSCULAS** pulsada, se selecciona también el último. Quedarán seleccionados automáticamente todos los que se encuentren entre ambos (incluidos).

3. La tercera forma de seleccionar varios archivos consiste en emplear el ratón. Haga clic sobre cualquier parte vacía de la lista y, sin soltar el botón del ratón, arrastre abarcando tantos documentos como desee abrir.

Opciones de Abrir

En el mismo cuadro de diálogo anterior hay otras funciones disponibles para esta operación:

1. El botón Organizar (sólo con Windows Vista) despliega varias funciones útiles como crear carpetas, borrar archivos, cambiar su nombre, etc.
2. Puede emplearse el cuadro Buscar para localizar fácil y rápidamente un archivo si conoce su nombre. Sólo hay que teclearlo ahí e incluso es innecesario pulsar la tecla **INTRO** (la búsqueda se realizará en la carpeta en que se encuentre y en las que haya dentro de ella).
3. En el panel izquierdo hay enlaces muy prácticos como, por ejemplo, **Cambiados recientemente**, que muestra una lista de los documentos con los que se haya trabajado últimamente.

Recuerde que cualquier programa de Office ofrece, a la derecha del menú que muestra **Botón de Office**, una lista con los últimos documentos que haya empleado en el programa. Puede elegir cualquiera de ellos para abrirlo de nuevo fácilmente.

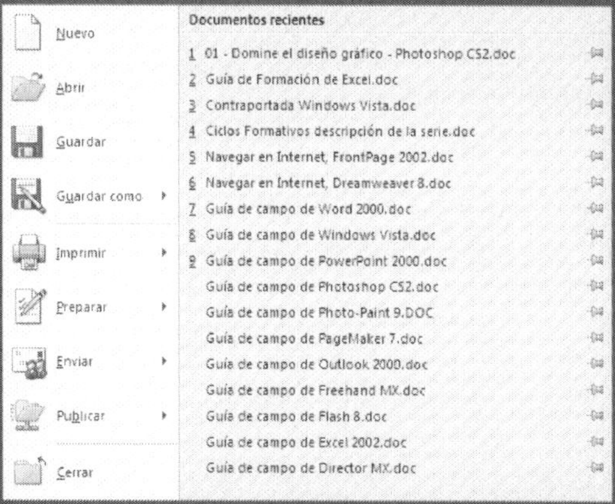

A la derecha de cada documento de esa lista se encuentra el icono . Se pulsa para fijar los que se desea que siempre aparezcan en ella. Así se tendrá acceso rápido a esos documentos indefinidamente.

Archivar documentos

Con todos los programas de Office, se puede almacenar cualquiera de sus documentos en disco con el objetivo de poder abrir posteriormente un documento determinado y modificarlo, sustituyendo parte de su contenido, añadiendo nueva información o borrándola. Para ello se pulsan las teclas **CONTROL + G**, se utiliza el botón de la **Barra de herramientas de acceso rápido** o se activa la opción **Guardar** del **Botón de Office**.

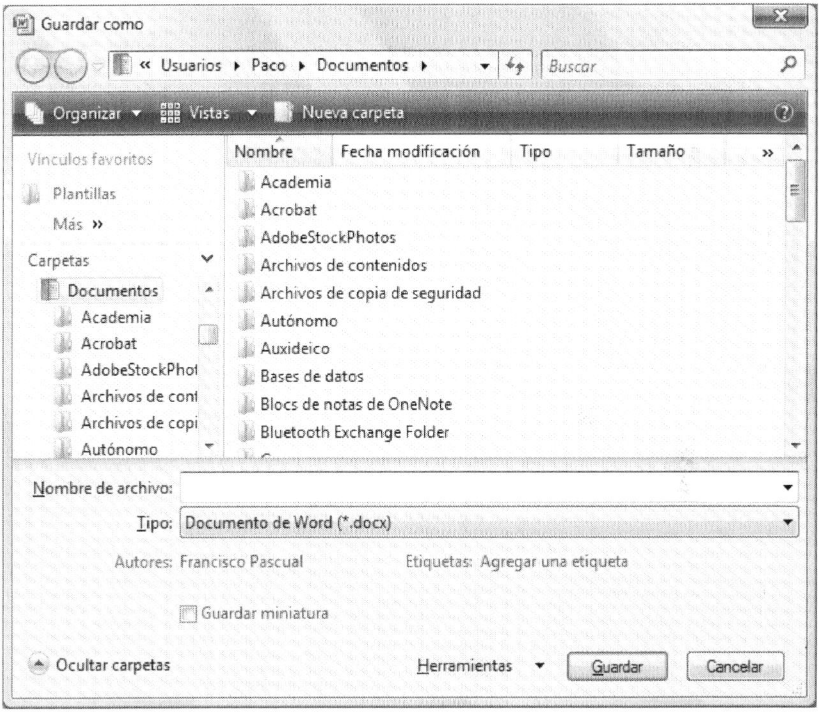

1. Si no es la primera vez que se archiva el documento, no es necesario hacer nada más: el documento se almacenará en el disco con el nombre que tuviera asignado la primera vez que se grabó (de hecho, ni siquiera aparecerá el cuadro de diálogo).

2. Si es la primera vez que se archiva, hay que asignarle un nombre. Para ello, puede utilizarse cualquiera de la lista para grabar el documento,

pero si se hace así, el contenido del que ya estuviese grabado con ese nombre se perderá y en su lugar obtendrá el que vaya a grabar ahora. Si no se utiliza ningún nombre de la lista, se emplea el elemento **Nombre de archivo** para teclear el nombre del documento. Al tratarse de una lista, puede desplegarse para obtener los últimos nombres de documentos archivados. Así, si desea utilizar uno de esos nombres para almacenar el documento actual, bastará con elegirlo en la lista.

3. Se puede indicar el formato en que se almacenará el documento si se utiliza la lista **Tipo** (**Guardar como tipo** si trabaja con Windows XP). En la lista aparecen los nombres de otros programas cuyo formato es soportado por Word, por ejemplo, WordPerfect.

4. Para elegir la unidad de disco o la carpeta especial en la que se almacenará el archivo desplegaremos la lista **Guardar en**.

Este cuadro también ofrece el botón Herramientas ▾ que ofrece utilidades para los documentos. Entre otras, las **Opciones generales** permiten establecer contraseñas de acceso al documento.

- **Contraseña de apertura**: con ella ningún usuario no autorizado podrá utilizar el documento que se graba.
- **Contraseña de escritura**: su función es similar a la anterior, pero en este caso, la contraseña no impide abrir el documento, sino guardar las modificaciones que se realicen en él.
- **Recomendado sólo lectura**: si se activa esta casilla, al abrir el documento se solicitará a cualquier usuario el modo de sólo lectura. De esta forma, no se podrá almacenar de nuevo el documento durante esa sesión, excepto si se desean guardar los cambios con otro nombre o en otra carpeta.

5. Observe, por otra parte, que también puede utilizar los botones que llevan las mismas funciones que hemos detallado para el cuadro de diálogo de Abrir documentos: **Subir un nivel**, **Eliminar**, etc.

6. Una vez señalado todo lo necesario, bastará con pulsar el botón Guardar para que se almacene el documento en el disco.

Existe otra modalidad de almacenamiento del documento en el disco que ofrecen los programas integrantes de Office en el **Botón de Office**. Se trata de la opción **Guardar como**, que puede utilizarse cuando se desea almacenar un documento con alguna variación respecto al modo en que se estaba grabando hasta ahora (por ejemplo, grabarlo con un nombre distinto).

Word guarda automáticamente el texto que se va escribiendo cada 10 minutos. De ese modo, si se produce un error que fuerce a Word a terminar o nos quedamos sin suministro eléctrico inesperadamente, sabemos que como máximo hemos perdido los últimos 10 minutos de trabajo. Sin embargo, esta función se puede desactivar así como alterar la cantidad de minutos que han de transcurrir para que Word guarde el documento. En ciertos documentos largos, no resulta muy interesante tener que esperar una gran cantidad de tiempo a que se guarde el documento constantemente.

Para trabajar esta función se despliega el botón de Office ( ) y se pulsa el botón Opciones de Word. En el cuadro de diálogo que se obtiene se accede a la categoría **Guardar** y encontramos la casilla **Guardar información de Autorrecuperación cada** que nos permite activarla o desactivarla así como un cuadro de texto junto a ella en el que podemos establecer los minutos que deseemos.

Opciones al guardar

En la parte inferior izquierda del menú que despliega el **Botón de Office**, existe el botón Opciones de Word que permitirá modificar varias características del sistema. Entre ellas, las de guardado de documentos en el disco en la categoría **Guardar** (lo mostramos en la figura de la página siguiente):

1. **Guardar información de Autorrecuperación cada X minutos**: graba todos los textos activos cada X minutos automáticamente. De este modo, si el ordenador queda bloqueado o se va la luz, al abrir de nuevo Word aparecerá el texto que estábamos escribiendo, aunque no necesariamente completo, sino con todo lo que contenía en el momento en que se grabó automáticamente por última vez.

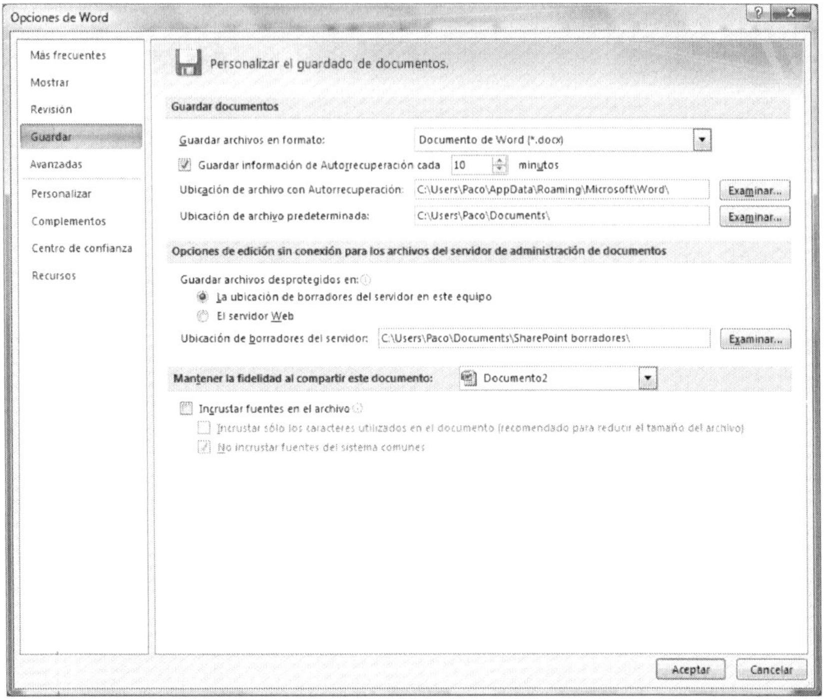

2. **Incrustar fuentes en el archivo**. Se asegura de incluir en el archivo del documento la información necesaria para que incluso aquellas frases escritas con fuentes que no existan en cualquier ordenador se vean con el aspecto original. Esto aumenta el tamaño del archivo resultante. Si se activa esta casilla se dispondrá de otras dos: **Incrustar sólo los caracteres utilizados en el documento**, que se encarga de que sólo se incluyan las definiciones de las letras empleadas con la fuente (y no todo el alfabeto, con lo que el incremento del tamaño del archivo será menor) y **No incrustar fuentes del sistema comunes**, que se encarga de no incluir las fuentes más comunes como *Times New Roman*, *Arial*, *Courier*, etc. (dado que estas se encuentran, en principio, en cualquier ordenador).

En la categoría **Avanzadas** del mismo cuadro de diálogo, la sección **Guardar** ofrece más posibilidades (avanzando hacia el final de la lista de opciones), como:

1. **Crear siempre copia de seguridad**: si se activa esta función, al almacenar un texto la versión anterior de éste se conserva en el disco con el mismo nombre y la extensión BAK.

2. **Permitir guardar en segundo plano**: si se activa este botón, se puede seguir trabajando con el texto de Word o con cualquier otro programa de Windows mientras se graba el texto. Esta opción es muy útil si el texto que se graba es grande.

VISTA PRELIMINAR

Se puede saber cómo aparecerá impreso un texto (o parte de él) antes de imprimirlo. Para ello, se accede al **Botón de Office**, se despliega su opción **Imprimir** y se selecciona **Vista preliminar**.

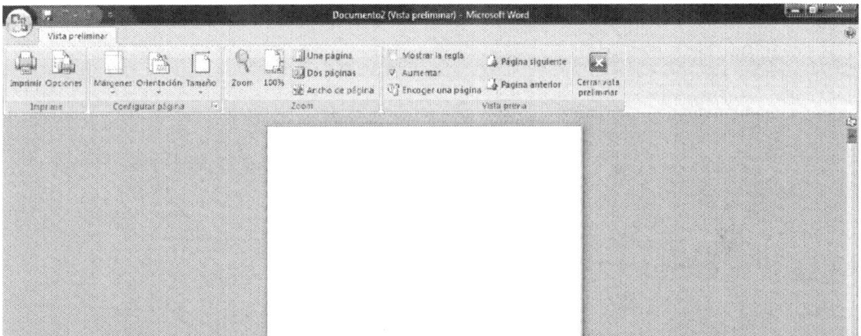

También ofrece un grupo de botones, en la parte superior, para controlar el panorama:

1. El botón **Imprimir** lleva al cuadro de diálogo de imprimir.

2. El botón **Opciones** lleva a la ventana de opciones de Word.

3. El botón **Márgenes** despliega varias opciones de margen y una opción personalizada para ajustarlos a nuestro gusto.

4. El botón **Orientación** despliega las opciones **Horizontal** y **Vertical** para que el texto se lea así en la hoja impresa.

5. El botón **Tamaño** despliega varios tamaños estándar de papel para que el documento se adapte al que se elija.

6. El botón **Zoom** permite establecer la proporción de aumento o disminución de la vista (**100%** es el tamaño real de la página, este mismo tamaño se puede activar con el botón que lleva esa misma etiqueta).

7. El botón **Una página** muestra sólo una página del texto que se imprimirá.

8. El botón **Dos páginas** muestra el texto como un libro abierto.

9. El botón **Ancho de página** amplía o reduce el tamaño de la vista hasta que se ve el ancho de la hoja completamente.

10. La casilla **Mostrar regla** muestra u oculta la regla.

11. La casilla **Aumentar** permite ampliar y reducir la vista con un solo clic en la página de muestra.

12. El botón Encoger una página reduce todo el texto hasta hacerlo encajar en una única página. Esta tarea no funciona si el texto que se ha escrito no supera el tamaño de una página, o bien, si el texto es excesivamente grande.

13. Los botones Página siguiente y Página anterior permiten navegar por las páginas del documento.

14. El botón **Cerrar vista preliminar** sale del modo de **Vista preliminar**. Puede hacerse también pulsando la tecla *Escape* (ESC).

IMPRESIÓN DE DOCUMENTOS

Pasemos a ver todas las funciones que ofrece Word para imprimir. Se pulsan las teclas **CONTROL + P**, o bien se selecciona la opción **Imprimir** del **Botón de Office**, con lo que se obtiene el siguiente cuadro:

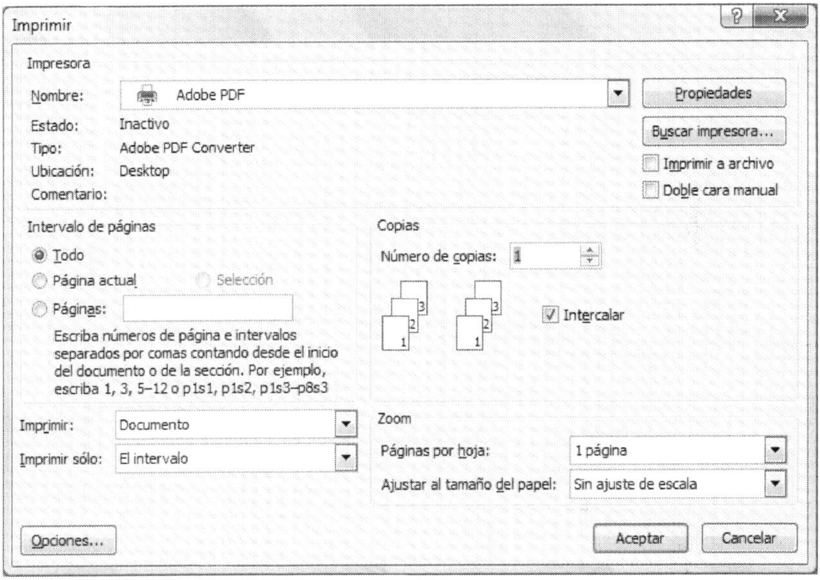

1. Comience por seleccionar la impresora en la que va a realizar la impresión desplegando la lista **Nombre**.

2. El grupo **Intervalo de páginas** permite establecer qué parte del texto se va a imprimir:

   - **Todo** nos permite imprimir todo el texto con el que estemos trabajando. Lo más probable es que la impresora no se ponga a trabajar en el acto. Como hemos comentado antes, Word debe crear un archivo que será destinado al administrador de impresión de Windows y posteriormente a la impresora. Es decir, se llenará este archivo con el texto en el formato adecuado para después pasarlo a imprimir. Este proceso conlleva un período de tiempo que puede ser mayor o menor, dependiendo del tamaño del texto que se va a imprimir, período durante el que la impresora permanecerá inactiva hasta que empiece a recibir datos para imprimir.

- **Página actual** permite imprimir sólo la página en que nos encontremos cuando solicitamos imprimir el texto. Supongamos, pues, que hemos estado escribiendo un texto, del cual queremos imprimir la página 5. Para ello, lo primero que hemos de hacer es desplazarnos hasta la página 5 y, una vez situados, accederemos al cuadro de impresión y utilizaremos el botón **Página actual**.

- **Páginas** permite especificar qué páginas del documento en curso serán impresas. Hemos de escribir los números de las páginas elegidas en el cuadro de texto destinado a ello, que en este momento aparece vacío. Podemos, por tanto, enviar a la impresora sólo partes del texto del siguiente modo:

  a) Si escribimos las páginas que deseamos separadas por comas, imprimirá tales páginas.

  b) Si escribimos una página, un guión y otra página, se imprimirá desde la primera página especificada antes del guión hasta la última. Ejemplo: **5-18** imprimirá desde la página 5 hasta la 18, ambas inclusive.

- **Selección** permite imprimir un bloque de texto que previamente se haya seleccionado. Esta opción sólo funciona si hemos seleccionado un bloque de texto (de lo que hablaremos posteriormente). Por ello, si no es así, el botón **Selección** aparece desactivado en color gris.

3. El grupo **Copias** permite indicar la cantidad de ejemplares que deseamos imprimir.

   - Para establecer la cantidad utilizaremos el cuadro de texto **Número de copias**.

   - El botón **Intercalar** se emplea para determinar el orden en el que se imprimirán las páginas si se van a imprimir varias copias. Si se activa el botón y se han establecido varias copias para imprimir, Word imprimirá la primera copia completa antes de pasar a la siguiente (página 1, página 2, página 3, etc., y vuelta a empezar). Si, por el contrario, se desactiva esta opción, Word imprimirá la página 1 de cada copia, después la 2, etc.

4. La lista desplegable **Imprimir** (Documento ▾) permite indicar qué partes relacionadas con el documento deseamos obtener por impresora. Así, se puede elegir entre **Documento**, **Resumen**, **Documento con marcas**, **Lista de marcas**, **Estilos**, **Entradas de bloques de creación** y **Asignaciones de teclas**.

5. La lista **Imprimir sólo** (El intervalo ▾) permite establecer dentro del texto qué partes deseamos imprimir. Así, podremos imprimir el texto tal y como se haya establecido hasta ese momento (eligiendo la opción **El intervalo**), imprimir sólo las **Páginas impares** o sólo las **Páginas pares**.

Si necesita imprimir un documento por ambas caras de cada hoja, imprima primero las impares y luego, dando la vuelta a las hojas, las pares. Así se ahorrará el dar la vuelta a cada hoja para imprimir por sus dos caras.

6. En el grupo **Zoom** tenemos dos opciones:

   - La lista desplegable **Páginas por hoja** permite indicar cuántas páginas de las que haya escrito con Word deben entrar en cada página de papel.

   - La lista desplegable **Ajustar al tamaño del papel** permite indicar un tipo de hoja al que Word ajustará el texto escrito. Por ejemplo, si ha creado un texto para un DIN-A4 y va a imprimir en un DIN-A5, (una cuartilla) Word reducirá el tamaño del texto automáticamente hasta ajustarlo al nuevo tipo de hoja. Para ello, naturalmente, deberá elegir DIN-A5 en la lista **Escalar al tamaño del papel**.

7. El resto de las especificaciones pueden modificarse mediante el botón [Opciones...] del cuadro de diálogo que hemos presentado antes. Al hacerlo, obtenemos otro en el que debemos activar la categoría **Avanzadas** y desplazarnos hacia abajo hasta llegar a la sección **Imprimir**:

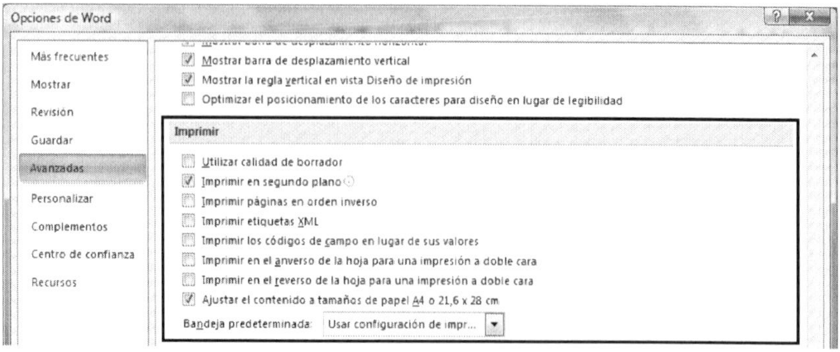

De todo esto, comentaremos algunas de las casillas de verificación con las funciones más importantes de este cuadro:

- **Utilizar calidad de borrador**: realiza una impresión más sencilla y rápida que permite echar un primer vistazo a los resultados que se obtendrían al imprimir el texto. La calidad que se obtiene no es muy buena, pero se imprime con más rapidez y la impresora empleará menos tinta para mostrar los resultados.

- **Imprimir en segundo plano**: si se mantiene activa esta casilla, podrá imprimir un texto mientras sigue trabajando con Windows. Si la desactiva, conseguirá imprimir más rápido, pero el sistema se mantendrá ocupado en la impresión y no podrá continuar trabajando hasta que se termine el proceso de imprimir.

- **Imprimir páginas en orden inverso**: imprime las páginas en orden descendente, es decir, comenzando por la última hasta terminar en la primera.

LA FICHA *VISTA*

La ficha **Vista** de la cinta de opciones ofrece varios modos con los que trabajar con el texto en la ventana de Word:

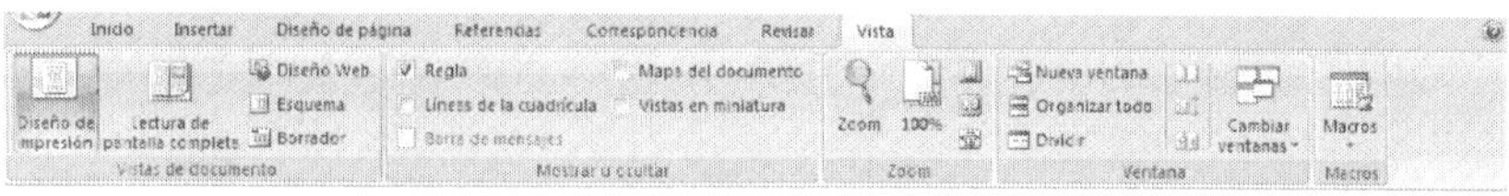

1. El grupo **Vistas de documento** tiene como fin poder indicar el modo de edición del texto.

   - **Diseño de impresión** trabaja con el documento tal y como aparecerá impreso (aunque con pequeñas excepciones). Se trata del modo de trabajo más completo.

   - **Lectura de pantalla completa** permite ver y modificar las páginas como si de un libro abierto se tratase. Además, hace desaparecer la mayoría de los elementos de edición (cinta de opciones, botón de Office, etc.) dejando únicamente los necesarios para guardar el documento, navegar por sus páginas y el botón **Cerrar** que permite volver al modo de trabajo anterior.

   - **Diseño Web** es un modo especial para la creación de páginas Web. Cuando se activa este modo de trabajo, también se activa el mapa del documento que permite ver un esquema básico de éste (muy útil si se trata de un texto largo).

   - La opción **Esquema** le permite trabajar, como su nombre indica, en un modo más esquemático.

   - **Borrador** es un modo rápido de trabajo, si bien algunos elementos del texto, como los encabezados, no se muestran.

En la parte inferior derecha de la ventana de Word dispone de varios botones para cambiar el modo de trabajo sin necesidad de acceder a la ficha **Vista**.

2. El grupo **Mostrar u Ocultar** contiene elementos de trabajo que pueden exponerse a la vista o no. Por ejemplo, la casilla **Regla**, cuya función es, como su nombre indica, mostrar la regla que nos facilita la colocación de elementos en el texto. También tiene otras funciones como permitir el cambio de márgenes, la colocación de tabuladores y la disposición de sangrados. La regla horizontal posee este aspecto:

- Para modificar los márgenes bastará con hacer clic en ellos y, sin soltar el botón del ratón, arrastrar el puntero hasta donde se desee. Al soltar el botón, el margen se fijará en la posición correspondiente.

- En el caso de los tabuladores basta con hacer clic en el lugar adecuado de la regla para que aparezca uno. Hablaremos de todo lo relacionado con los *Tabuladores* con más detalle en el apartado que lleva ese mismo nombre del capítulo 3: *Formatos*.

3. El grupo **Zoom** facilita el aumento y disminución de la vista del texto en pantalla con el fin de percibir con mayor o menor detalle el texto que se escribe. Si se hace clic en el botón **Zoom**, se obtiene el siguiente cuadro de diálogo:

- El grupo **Zoom** permite modificar el tamaño de visualización. Dentro de él tenemos seis botones de opción que nos mostrarán el texto el doble de grande (**200%**), normal (**100%**), más pequeño (**75%**), según el **Ancho de página** que tengamos, el **Ancho del texto**, la página completa (**Toda la página**), o bien **Varias páginas** en un tamaño más pequeño (de modo que quepan todas las que se elijan).

Y, por último, puede ajustar el tamaño según el **Porcentaje** que desee (200% es el doble de grande, mientras que 50% sería la mitad).

- **Vista previa** muestra cómo aparecerá el texto si se modifica el tamaño.

El tamaño del texto en pantalla puede modificarse también desde la barra de herramientas. Para ello, utilice los deslizadores que aparecen en la parte inferior derecha de la ventana de Word o sus botones de los extremos:

4. En el grupo **Ventana** se encuentran las opciones para la distribución de las ventanas de texto en la pantalla:

   - **Nueva ventana** abre otra ventana con el mismo texto en que se esté trabajando. Se podrán realizar cambios en ambas.

   - **Organizar todo** divide la pantalla equitativamente en tantas ventanas como documentos tengamos, permitiendo mostrar una pequeña parte de cada uno.

   - **Dividir** muestra en la misma ventana dos partes distintas del mismo documento dividiéndola en dos mitades, de forma que podrá ver simultáneamente dos partes distintas del mismo documento. Si se activa esta opción, cambia su nombre por **Quitar división**, cuya función es volver a dejar la ventana como estaba antes de la división.

   - **Cambiar ventanas** despliega una lista de documentos abiertos para que, al seleccionar uno, pasemos a él.

Cada documento de texto es colocado en una ventana independiente de Windows por lo que también podrá utilizar la barra de tareas para pasar de un texto a otro.

El trabajo con las macros lo detallaremos en un capítulo posterior.

EJERCICIOS

I) Escribir y archivar textos

1. Escriba el siguiente texto:

> Precisamente un dato curioso es que el hombre es sociable por naturaleza. Es decir, nos gusta vivir en sociedad. Una sociedad como aquella que acabamos de comentar. Y digo que es curioso porque aunque existen zonas que aún están deshabitadas e incluso en las que el hombre no ha pisado aún, nos seguimos obcecando en tener vecinos. Y cuantos más mejor. Nos gusta vivir en ciudades en las que si todos los vecinos saliéramos a la vez a la calle tendríamos que salir de la ciudad para caber todos dentro. Claro que siempre hay quien se queja de esto y se hace ermitaño en el desierto o vive como el abuelito de Heidi. Pero son casos monstruosos en la naturaleza y no deben ser considerados importantes ya que, ¿qué es un hombre sin otro hombre? (sobre todo si uno de ellos no es una mujer).
>
> Pues eso, nada.

2. Despliegue el botón de Office y seleccione la opción **Guardar** (esto mismo puede hacerlo pulsando las teclas **CONTROL + G**, o bien, pulsando el botón en la barra de herramientas de acceso rápido).

3. En el cuadro de diálogo que aparece escriba un nombre para el texto y pulse el botón Guardar para grabarlo.

II) Modificaciones en textos

1. Abra el texto que grabó en el ejercicio anterior y añada este otro párrafo de texto:

> Sí. El vehículo mecánico ha conseguido acercar a todos los individuos del globo puesto que al ir más rápidamente podemos recorrer más espacio en menos tiempo, con lo que podemos ver a la abuelita en un par de horas aunque viva a 574 kilómetros de casa, ya que nuestro vehículo puede alcanzar con facilidad la velocidad de 200 km/h, y puede hacer que lleguemos al pueblo o al cementerio en un momento.

2. Seleccione la opción **Cerrar** del menú del botón de Office, o bien, pulse el botón  de la ventana de texto.

3. Se le preguntará, mediante un cuadro de diálogo, si desea grabar los cambios, es decir, el párrafo que ha añadido. Responda afirmativamente. Ahora su documento contendrá el texto original más el que ha añadido en este ejercicio.

III) Imprimir un texto

1. Abra de nuevo el texto que ha terminado en el ejercicio anterior y encienda su impresora.

2. Active **Imprimir** desde el botón de Office, o bien, pulse las teclas **CONTROL + P**. En el cuadro de diálogo que se obtiene elija el botón **Todo** y pulse el botón 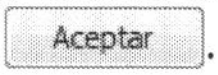

.

3. Repita este ejercicio añadiendo texto suficiente como para superar una página.

4. Imprimir únicamente una parte del texto seleccionándola.

5. Imprima sólo la segunda página de texto.

CAPÍTULO 2

FUNCIONES BÁSICAS DE TRABAJO CON WORD

En este capítulo comenzaremos a adentrarnos en funciones de Word que resultan fundamentales en cualquier tipo de escritos.

SELECCIÓN DE BLOQUES DE TEXTO

Seleccionar texto es imprescindible para aplicarle posteriormente funciones de mejora: fuentes, formatos, etc.

Para seleccionar un bloque de texto se pueden emplear el ratón o el teclado.

1. Una vez que el cursor esté situado al principio o al final del bloque que se va a seleccionar, se mantiene pulsada la tecla de **MAYÚSCULAS** y

se utilizan las teclas del cursor (flechas). Al hacerlo, el bloque se irá marcando en la pantalla. Mientras se mantenga pulsada la tecla de **MAYÚSCULAS** también se podrán emplear otras teclas como **INICIO**, **FIN**, **RE PÁG** y **AV PÁG**.

2. Con el ratón se hace clic en un punto del texto y se arrastra.

Aquí tiene algunas sugerencias para seleccionar texto:

1. Si se necesita seleccionar una sola palabra, se pueden hacer dos clics en ella.
2. Si se necesita seleccionar un párrafo completo, se pueden hacer tres clics en él (en cualquier parte dentro de él).
3. Si se necesita seleccionar una línea de texto completa, se hace clic a su izquierda fuera del margen.
4. Si se necesita seleccionar todo el texto, se pulsan las teclas **CONTROL + E**, o bien, desplegar el botón 

del grupo Edición (en la ficha Inicio de la cinta de opciones) y elegir **Seleccionar todo**.
5. Si se necesita seleccionar zonas salteadas de texto, se mantiene pulsada la tecla **CONTROL** mientras se seleccionan más bloques de texto.

Después de haber seleccionado el texto (marcado claramente porque cambia de color), se puede realizar la operación que se desee aplicar a ese texto.

Si se desea seleccionar sólo una imagen, el trabajo es mucho más fácil, ya que sólo es necesario hacer un clic en ella. Al hacerlo, la imagen aparece rodeada por los puntos de control (o manejadores), que indican que ese elemento está seleccionado.

Se pueden seleccionar párrafos salteados manteniendo pulsada la tecla de **CONTROL** (o **CTRL**) mientras se realiza la selección.

Cuando se selecciona texto en Word con el ratón, aparece sobre él la minibarra de herramientas. Contiene las funciones de uso más común con Word para que podamos emplearlas fácil y rápidamente sin necesidad de recurrir a ningún otro sitio.

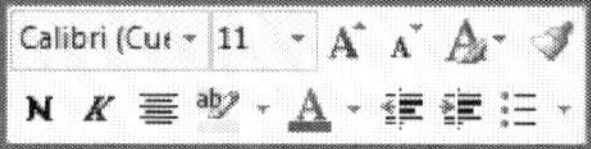

MOVER Y COPIAR BLOQUES

Para mover un bloque se emplean las teclas **CONTROL + X.** Hace desaparecer el bloque de texto de su posición actual y lo sitúa en el portapapeles. Después, se lleva el cursor al lugar del texto en el que va a colocar el bloque y se pulsan las teclas **CONTROL + V**.

Para **mover** un bloque que se haya seleccionado, se vuelve a hacer clic sobre él y, sin soltar el botón del ratón, se arrastra en la dirección deseada. Se podrá ver cómo, según se mueve el ratón con el botón pulsado, aparece el cursor del texto en color gris indicando la posición en la que aparecerá el bloque de texto si libera el botón del ratón. Cuando, efectivamente, se suelte, el bloque de texto se alojará en ese punto del texto, desapareciendo del lugar original en el que se encontrase.

Para **copiar** un bloque mediante este sistema, el proceso es el mismo que para moverlo (vea el truco anterior), salvo que se deberá mantener la tecla de **CONTROL** pulsada antes de hacer el clic sobre la selección para arrastrarla.

Estas dos utilidades sólo resultan útiles si el lugar de destino del bloque seleccionado está cercano al original.

Si se trata de realizar una copia del texto seleccionado en otra parte del documento, se han de utilizar las teclas **CONTROL + C**. El bloque de texto se copia en el portapapeles, pero al contrario de lo que ocurría en la función anterior, no desaparece de donde está. Después, hay que situarse en la parte del texto en la que se desea que aparezca el bloque y se pulsan las teclas **CONTROL + V**.

BORRAR BLOQUES

Para hacer desaparecer el bloque de texto ha de pulsarse la tecla **SUPR** (suprimir) una vez que se haya seleccionado el bloque. Acto seguido, el bloque desaparecerá del texto.

En la cinta de opciones hay tres botones para el uso del portapapeles: **Cortar** ( ), **Copiar** ( ) y **Pegar**, que despliega un pequeño menú con variaciones de la función:

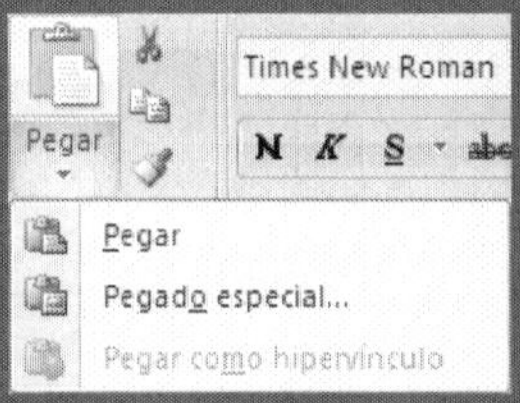

También ahí puede encontrarse el botón **Copiar formato** ( ) que permite replicar el aspecto de una parte del texto en otra.

FUENTES

Se utilizan para mejorar el aspecto del texto dando forma a la letra que contienen.

Existen algunos estilos de la letra que son utilizados con mayor frecuencia, por lo que son fácilmente accesibles desde la ficha **Inicio** de la cinta de opciones (en el grupo **Fuente**):

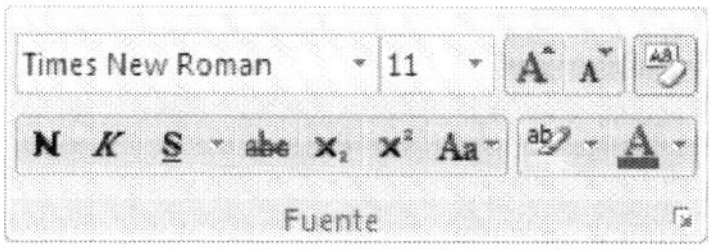

Se selecciona el texto y se activan los botones correspondientes. Para desactivarlos, se selecciona de nuevo esa parte del texto y se vuelve a pulsar el mismo botón.

Observe, sin embargo, que la esquina inferior derecha del grupo ofrece un pequeño botón . Cuando se pulsa, se obtiene un cuadro de diálogo:

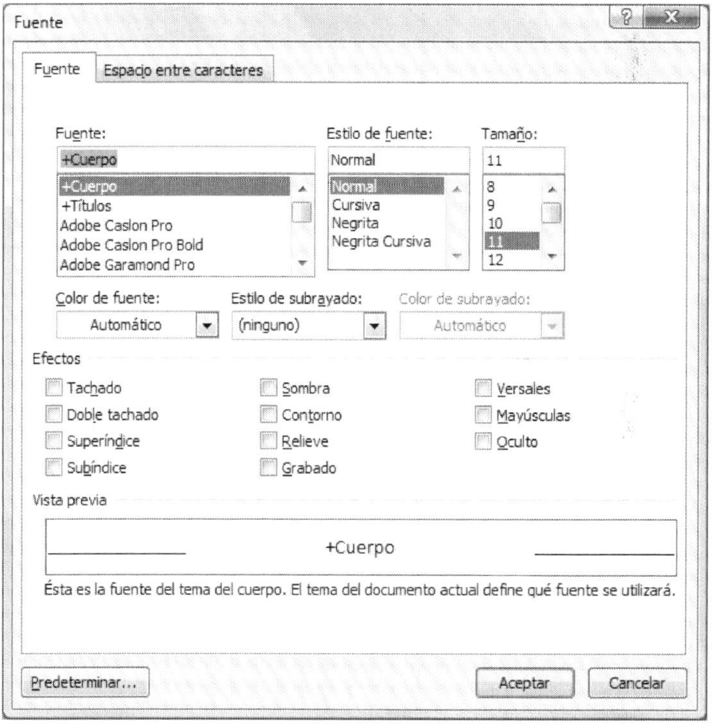

En la lista **Fuente** puede elegir el tipo de letra básico para el texto. A su lado, el **Estilo de fuente** le permitirá modificar el aspecto de ese tipo de letra añadiendo atributos al texto, como negrita, cursiva o subrayado. Con **Tamaño**, podrá utilizar una letra más o menos grande según su necesidad. El cuadro de

Vista previa le ofrecerá una muestra con el efecto resultante. Veamos la lista del resto de las posibilidades de este cuadro:

1. La lista desplegable **Color de fuente** le permitirá dar color a su texto. Al pulsar el botón correspondiente, se nos ofrece una lista con los colores disponibles.

2. La lista desplegable **Estilo de subrayado** podrá indicar qué tipo de subrayado quiere que aparezca en el texto. También podrá elegir un color para ese tipo de subrayado mediante la lista **Color de subrayado**.

3. Se pueden añadir **Efectos** al texto utilizando el correspondiente grupo (excepto **Oculto**, que esconde el texto):

   - ~~Tachado~~
   - ~~Doble tachado~~
   - Superíndice
   - Subíndice
   - Sombra
   - Contorno
   - Relieve
   - Grabado
   - VERSALES
   - MAYÚSCULAS

4. Por último, con el botón Predeterminar... puede indicar que el tipo de letra, el tamaño, el aspecto, color y efectos elegidos sean los iniciales para cualquier texto nuevo que se comience posteriormente.

Espacio entre caracteres y alineación vertical

Veamos de nuevo el cuadro de diálogo de fuentes, pero con la ficha **Espacio entre caracteres** activada:

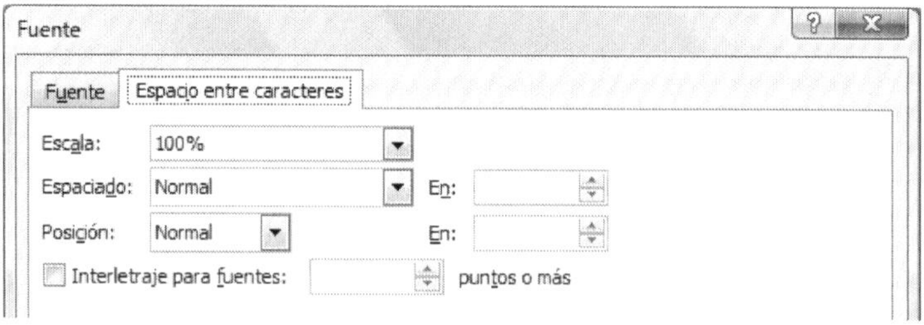

1. **Escala**. Permite establecer el porcentaje de la anchura de la letra: **100%** es el tamaño normal, por lo que **200%** es el doble y **50%** la mitad.

2. **Espaciado**. Permite establecer la separación entre los caracteres del texto. Se mide en puntos: un número negativo de puntos aproxima los caracteres entre sí, mientras que un número positivo de puntos los separa.

3. **Posición**. Permite establecer la alineación vertical del texto: un número positivo coloca el texto más arriba de lo normal en el renglón, mientras que un número negativo lo coloca más abajo.

4. **Interletraje para fuentes**. Permite establecer el tamaño que ha de tener un tipo de letra para que Word aplique sobre él el espacio entre caracteres. Si se establece el dato 12, un tipo de letra menor que ése no se verá afectado por el espacio entre caracteres. Esta función sólo actúa si se trata de un tipo de letra TrueType o Adobe Type Manager.

Cambiar el tipo de letra a un bloque

Si se desea cambiar el tipo de letra de una parte del texto que ya esté escrito, bastará con marcar como bloque el texto que se va a modificar, o lo que es lo mismo, seleccionarlo y después indicar el tipo, tamaño o aspecto de letra que deseamos para ese bloque, ya sea utilizando los botones de las barras de herramientas o la cinta de opciones.

Un texto que hayamos seleccionado puede transformarse a mayúsculas o a minúsculas. En el grupo **Fuente** disponemos del botón Aa que ofrece varias opciones que muestran ellas mismas el aspecto que generan:

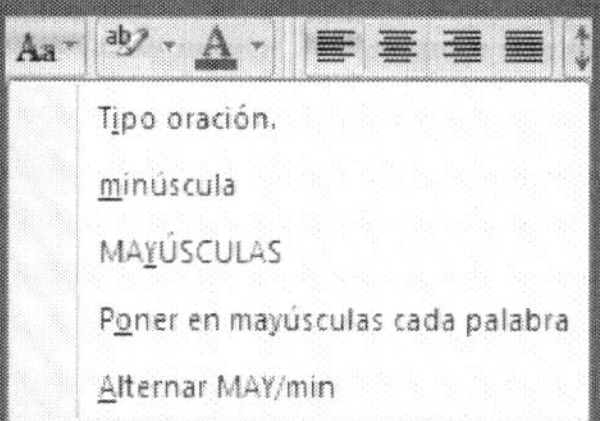

SECCIONES

Un texto escrito con Word suele dividirse en partes para un manejo más sencillo y estructurado de los documentos. Esto ocurre, sobre todo, en documentos grandes cuyo manejo resulta más cómodo si se fracciona en partes. Estas partes reciben el nombre de secciones. Por ejemplo, para escribir un texto con capítulos suele ser recomendable que cada capítulo del texto lo conforme una sección.

En principio, cada sección es independiente de las demás, aunque existe la posibilidad de relacionarlas a la hora de utilizar ciertas partes del texto como, por ejemplo, encabezados, pies de página o la numeración de páginas.

Cuando se comienza a escribir un texto nuevo, éste está formado por una única sección, que el mecanógrafo se encargará de reproducir en más secciones dependiendo de sus necesidades, así como del tamaño del texto. Un ejemplo: si se está escribiendo un libro o un documento en capítulos, resulta realmente cómodo asociar cada capítulo a una sección.

Creación de secciones y saltos de página

Para definir una nueva sección se sitúa el cursor en el lugar del texto en el que se quiere añadir la división de la sección, se accede a la ficha **Diseño de página** de la cinta de opciones y, en el grupo **Configurar página**, se despliega el botón :

1. Si se necesita terminar una página sin rellenarla por completo y continuar en la siguiente, puede utilizarse salto de **Página** (o las teclas **CONTROL + INTRO**).

2. Igualmente, si se selecciona salto de **Columna**, se dejará incompleta la columna actual y se saltará a la siguiente.

3. Para controlar el modo en que el texto se ajusta a un objeto (por ejemplo, una imagen), se activa el **Ajuste de texto**. Ésta finaliza la línea de texto actual y lleva al cursor debajo del objeto.

4. **Página siguiente** realiza un salto de página y crea una nueva sección a partir de la siguiente página. A partir de ese instante ya se dispone de dos

secciones en las que podrá alterar funciones como márgenes, encabezados o columnas de forma distinta en cada sección.

5. **Continua** crea una nueva sección justo en el lugar de la página en que se encuentre el cursor **sin** llevar a cabo un salto de página.

6. **Página par** ejecuta saltos de página hasta la próxima página par. En ese mismo lugar comienza la nueva sección.

7. **Página impar** ejecuta saltos de página hasta la próxima página impar. En ese mismo lugar comienza la nueva sección. Se utiliza, por ejemplo, cuando un capítulo ha de comenzar forzosamente en una página impar. En ese caso, se crea una nueva sección con esta opción, con lo cual el capítulo anterior se da por terminado.

EJERCICIOS

I) Escritura con tipos de letra

Escriba una lista con los nombres de diez tipos de letra o más. Cada uno de los nombres debe aparecer escrito con ese mismo tipo de letra.

Escriba cualquier página de este libro que contenga varios efectos: negrita, cursiva, etc. Cuando termine, archívelo en el disco.

Arial
Book Antiqua
Brush Script
CaslonOpnface
Century Gothic
Courier new
Impact
Onyx
Playbill
Times New Roman

II) Mover y copiar bloques

1. Abra un texto en Word.

2. Seleccione el primer párrafo del texto.

3. Utilizando el botón  de la barra de herramientas, muévalo hasta el final del mismo texto. Para ello, una vez cortado el bloque, deberá dirigirse

hacia el lugar de destino (el final del texto) y pulsar el botón **Pegar** de la barra de herramientas).

4. Cuando haya terminado, vuelva a dejar el párrafo en su lugar original seleccionándolo y arrastrándolo. Aunque no vea en pantalla el lugar de destino, arrastre el ratón en esa dirección, ya que cuando el puntero del ratón esté alcanzando un borde de la pantalla (la regla o la barra de desplazamiento horizontal) el texto se deslizará, con lo que podrá alcanzar partes de él que no veía hasta ese momento.

5. Repita este ejercicio con otros párrafos del texto.

III) Creación de secciones

1. Abra un texto en Word.

2. Sitúese en medio del texto que aparezca en la primera página.

3. Utilice el botón Saltos del grupo **Configurar página** en la ficha **Diseño de página** de la cinta de opciones para crear un salto de sección a la siguiente **Página impar**. El texto que hubiese a partir del lugar en que se encontrase el cursor se desplazará hasta la nueva página, que debería ser la número 3.

4. Acceda a la ficha **Insertar** de la cinta de opciones y pulse el botón Encabezado del grupo **Encabezado y pie de página**, en la lista que despliegue seleccione **Editar encabezado**. Cuando lo tenga a la vista, desactive el botón Vincular al anterior para desligar el encabezado del de la sección anterior. Escriba un texto cualquiera y termine el encabezado pulsando el botón **Cerrar encabezado y pie de página**. En el capítulo 5 (*Herramientas más útiles de Word*) hablaremos con todo detalle de los encabezados.

5. Utilice las teclas **CONTROL + INICIO** para volver al principio del texto.

6. Allí podrá ver que el encabezado que escribió en la otra sección no afecta al texto de esta, puesto que éste último estará vacío. Podrá rellenarlo sin afectar al otro y para ello puede hacer doble clic en él. Cuando termine, pulse el botón **Cerrar encabezado y pie de página**.

CAPÍTULO 3

FORMATOS

Los formatos permiten dar forma a nuestros textos: alinear el texto, numerar párrafos, realizar sangrías, aplicar bordes a los párrafos, crear columnas automáticas, etc. La flexibilidad de Word permite que el formato que le demos al citado texto se realice sólo en un párrafo, en varios párrafos, en varias páginas, en una sola línea, etc.

Estas funciones se encuentran principalmente en las fichas **Inicio** y **Diseño de páginas**.

FORMATO DE PÁRRAFOS

En este apartado se van a estudiar funciones relacionadas con el formato que puede aplicarse a un párrafo o a varios.

1. Si el formato se va a aplicar a un solo párrafo, bastará con situarse en él (por ejemplo, haciendo clic en cualquiera de las letras que lo compongan).

2. Si el formato se va a aplicar a varios párrafos, necesitaremos seleccionarlos con el fin de indicar a Word exactamente aquellos en los que debe trabajar.

Alineación y justificación

La justificación puede conseguir en gran medida la buena presentación deseable para cualquier texto. Gracias a ella, los renglones quedan perfectamente colocados por cualquiera de los márgenes o por ambos a la vez:

1. **Alinear a la izquierda**: el texto queda perfectamente alineado en el margen izquierdo, pero no así en el derecho. Para aplicarlo se activa el botón del grupo **Párrafo** (ficha **Inicio**).

2. **Centrar**: las líneas del texto quedan centradas entre los márgenes izquierdo y derecho. Para aplicarlo se activa el botón del grupo **Párrafo** (ficha **Inicio**).

3. **Alinear a la derecha**: el texto queda perfectamente alineado en el margen derecho, pero desordenado en el izquierdo. Un uso típico para este tipo de justificación se presenta a la hora de escribir una fecha o la reseña de la firma en una carta, ya que suelen escribirse junto al margen derecho. Para aplicarlo se activa el botón del grupo **Párrafo** (ficha **Inicio**).

4. **Justificar**: el texto queda alineado perfectamente tanto en el margen izquierdo como en el derecho. Para aplicarlo se activa el botón del grupo **Párrafo** (ficha **Inicio**).

Estas cuatro funciones pueden activarse desde el cuadro de diálogo que aparece al pulsar el botón del grupo **Párrafo** (en la cinta de opciones) desplegando su lista **Alineación**:

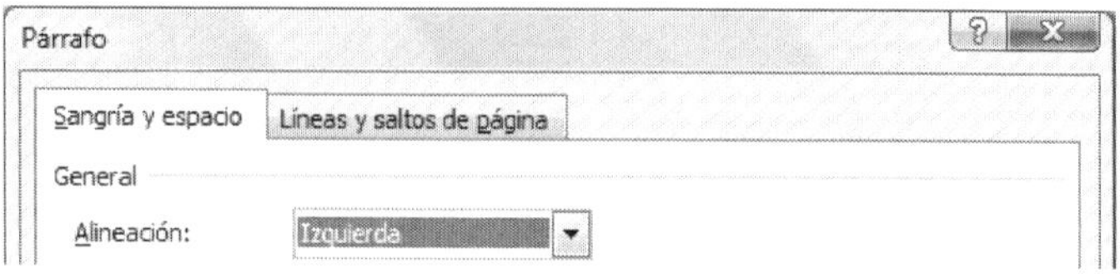

Sangrados

El sangrado de párrafos consiste en desplazar el margen del escrito hacia el interior de la página en un párrafo del texto.

La sangría del margen izquierdo se obtiene utilizando los botones (**Aumentar sangría**) y (**Reducir sangría**) del grupo **Párrafo** en la ficha **Inicio** de la cinta de opciones. Al pulsar el primer botón sobre un párrafo, se activa la sangría, y si se pulsa el segundo, la sangría desaparece. También puede activarse en el grupo **Párrafo** de la ficha **Diseño de página** en la cinta de opciones.

Un modo más completo de generar el sangrado es el que ofrece el botón del grupo **Párrafo** (en la cinta de opciones). Se obtiene un cuadro de diálogo en el que se puede indicar tanto el tipo de sangría como las medidas que pueden aplicarse al párrafo.

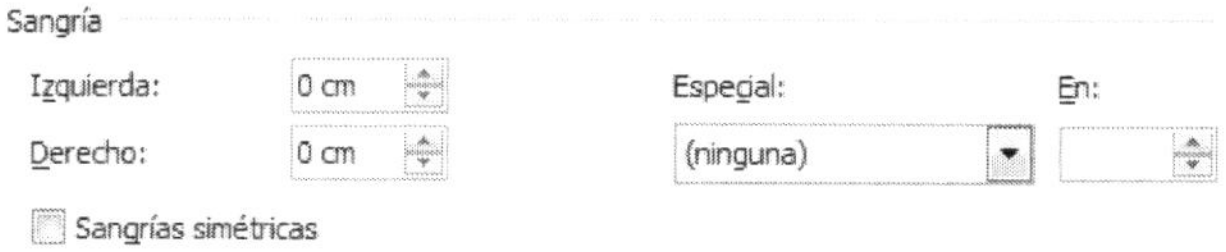

Con el grupo **Sangría** puede indicar el tipo que desea:

- **Izquierda** permitirá realizar el sangrado con el número indicado de centímetros a partir del margen izquierdo del texto.

- **Derecha** permitirá realizar el sangrado con el número indicado de centímetros a partir del margen derecho del texto.

- **Especial** permitirá escoger entre dos sangrías más: **Primera línea**, que sólo sangra la primera línea del párrafo, y **Francesa**, que sangra todas las líneas del párrafo excepto la primera. Si se utiliza el cuadro de texto que hay a su lado (**En**) se puede especificar cuántos centímetros (incluidos decimales) se desea sangrar los párrafos de estilos **Primera línea** o **Francesa**.

- La casilla **Sangrías simétricas** se encargará de asignar la misma distancia de sangría a ambos márgenes cuando se establezca una.

El sangrado de los párrafos puede llevarse igualmente a cabo mediante los marcadores deslizables de la regla:

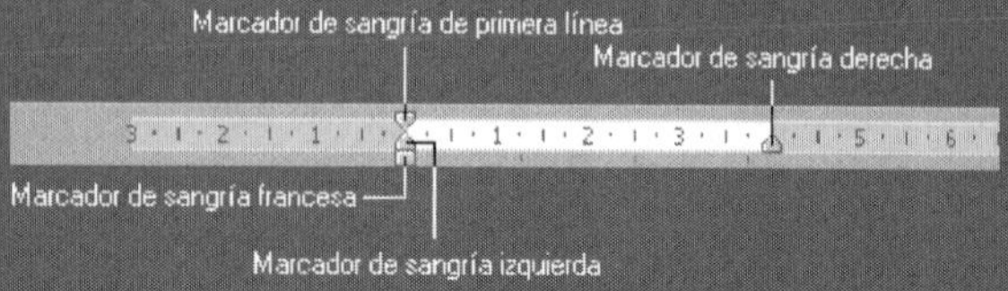

Deslice a izquierda o derecha cada marcador para conseguir el efecto de sangría que necesite.

Espacio entre líneas

Esta función permitirá elegir tanto la separación entre las líneas de un párrafo como entre el párrafo y los párrafos anterior y siguiente. Para llevar a cabo esta operación, se pulsa el botón del grupo **Párrafo** (en la cinta de opciones) y se utiliza el grupo **Espaciado**:

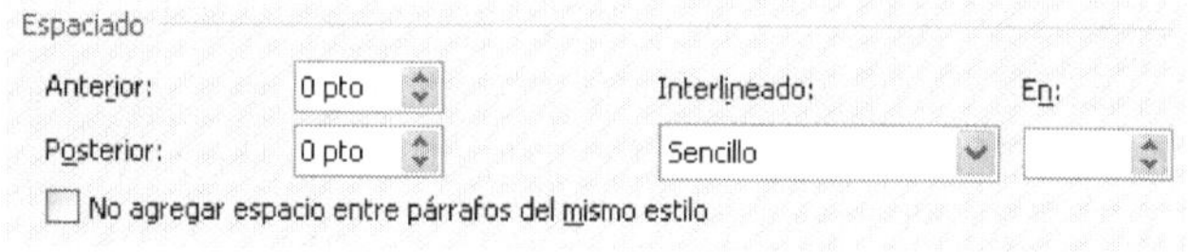

1. **Anterior** le permite indicar el espacio que desea entre el párrafo anterior y el párrafo en cuestión.

2. **Posterior** le permite indicar el espacio que desea entre el párrafo en cuestión y el párrafo siguiente.

3. **Interlineado** asigna un espacio entre las líneas del párrafo: **Sencillo**, **Doble**, etc. Se utiliza el cuadro de texto situado a su derecha para especificar una distancia (medida en puntos) entre líneas diferente a las que se listen en **Interlineado**.

4. Se puede activar la casilla **No agregar espacio entre párrafos del mismo estilo** para que no se separen con un espacio extra aquellos párrafos que tengan el mismo estilo.

Como siempre, el cuadro de vista previa ofrece una imagen aproximada de cómo quedará el texto con las características actuales. También la cinta de opciones ofrece un método rápido de trabajo para esta función, consiste en desplegar el botón del grupo **Formato** en dicha cinta y seleccionar una de sus opciones (también puede activarse en el grupo **Párrafo** de la ficha **Diseño de página** en la cinta de opciones):

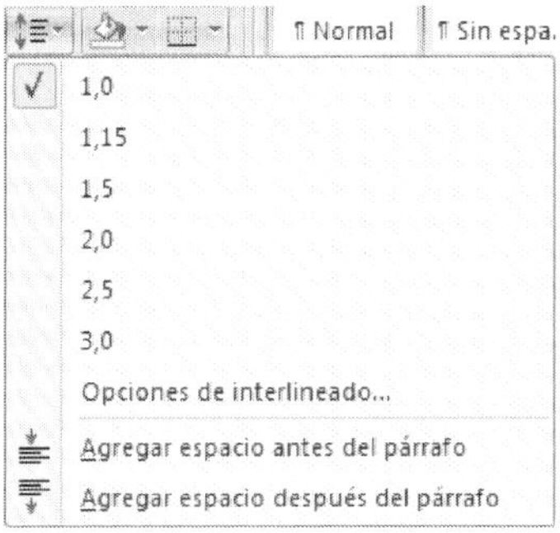

TABULACIONES

Un tabulador crea un espacio en blanco de mayor o menor tamaño en la línea de texto. Las tabulaciones suelen emplearse para colocar pequeñas columnas de datos en el texto.

Una vez que se hayan seleccionado los párrafos a los que desee aplicar tabulaciones, se puede trabajar utilizando un cuadro de diálogo. A él se accede mediante el botón del grupo **Párrafo** (en la cinta de opciones) y el botón Tabulaciones..., que muestra dicho cuadro, lo que nos lleva a otro que mostramos en la página siguiente:

1. Si lo que se desea es cambiar la posición de los tabuladores que ya aparecen fijados inicialmente en su documento, se indica la separación que debe haber entre ellos en el cuadro de texto **Tabulaciones predeterminadas**.

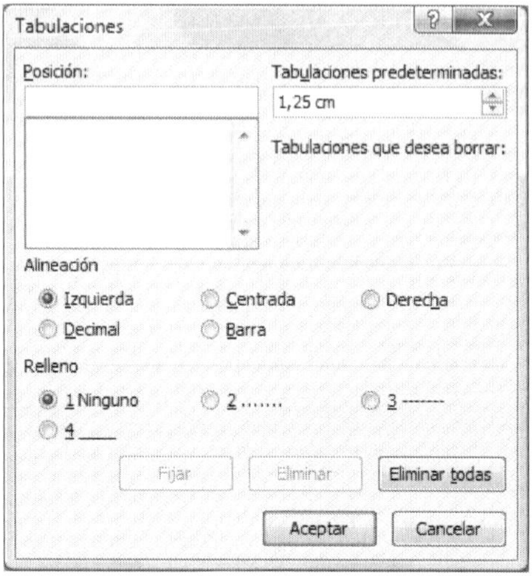

2. Para fijar una sola tabulación se escribe su distancia (en centímetros) con respecto al margen en el cuadro de texto **Posición**.

3. Después se podrá especificar el tipo de tabulación que se necesita mediante el grupo **Alineación**:

- **Izquierda**. El texto que se escriba asociado a un tabulador de este tipo aparecerá alineado a su izquierda. En la regla, su marca es ∟.

- **Centrada**. El texto que se escriba asociado a un tabulador de este tipo aparecerá centrado en él. En la regla, su marca es ⊥.

- **Derecha**. El texto que se escriba asociado a un tabulador de este tipo aparecerá alineado a su derecha. En la regla, su marca es ┘.

- **Decimal**. Se utiliza para alinear números. Con este tipo, las cifras que se escriban (en varias líneas) quedarán colocadas por unidades, decenas, centenas, etc., tomando como referencia la coma decimal. En la regla, su marca es ⊥.

- **Barra**. Añade una línea vertical en el texto justo en la posición en que se fije. En la regla, su marca es |.

4. Si el espacio que genere el tabulador debe aparecer **Relleno**, se utilizan los botones de ese grupo. Inicialmente, un tabulador genera un espacio vacío; no obstante, se podrá rellenar ese espacio con puntos (botón **2**), una línea discontinua (botón **3**) o una línea de subrayado (botón **4**).

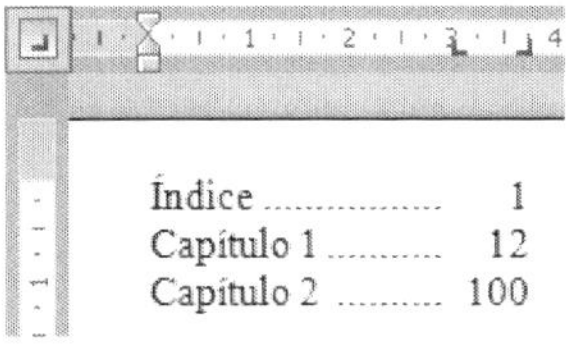

Relleno de puntos (observe la posición de los tabuladores en la regla)

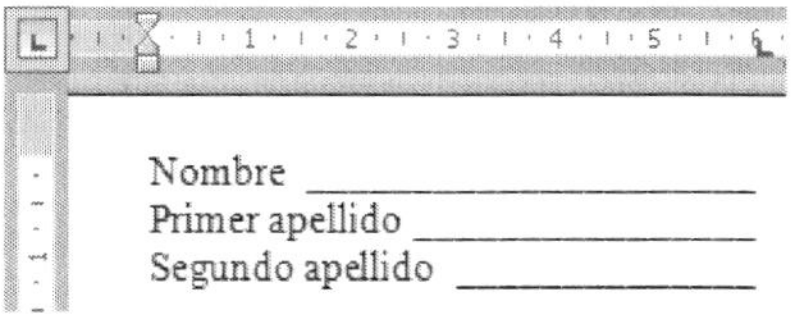

Relleno de subrayado (observe la posición de los tabuladores en la regla)

5. Una vez establecida la posición, la alineación y el relleno deberá pulsarse el botón [Fijar] para que el tabulador quede insertado en el texto. De este modo se podrán añadir más tabulaciones antes de salir del cuadro de diálogo.

6. Si se necesita borrar un tabulador, se selecciona en la lista (o se teclea en **Posición**) y se pulsa [Eliminar]. Se pueden borrar todos los tabuladores que aparezcan ya fijados mediante el botón [Eliminar todas].

Para generar los tabuladores con la regla, se utiliza el ratón sobre ella: basta con hacer clic en el lugar adecuado de la regla para que aparezca uno. Si éste no se ha situado en la posición correcta, se puede volver a hacer clic sobre él y, sin soltar el botón del ratón, arrastrarlo hasta colocarlo en el sitio apropiado. Si se desea eliminar un tabulador, se puede arrastrar fuera de la regla. También puede elegirse la clase de tabulador que se desea (izquierdo, centrado, derecho, decimal o de barra) en la parte izquierda de la regla, mediante el botón [L] haciendo clic en dicho botón hasta que aparezca el que necesite.

> No debe olvidarse que cada una de las tabulaciones que se coloquen funcionarán siempre y cuando en el texto se pulse una vez la tecla del tabulador para cada tabulación (a excepción del tabulador de **Barra**).

VIÑETAS

Las viñetas aportan un símbolo a la izquierda de cada párrafo al que se aplican. Word ofrece un sistema automatizado que añade ese símbolo a los párrafos que se seleccionen previamente.

El modo más sencillo de aplicar esta función consiste en pulsar cualquiera de los botones que la activan y desactivan en el grupo **Párrafo** de la ficha **Inicio** (en la cinta de opciones): (**Viñetas**), (**Numeración**) o (**Lista multinivel**). Estos botones se despliegan y ofrecen varias posibilidades. Empecemos por las viñetas:

Si ya ha utilizado alguna antes, también aparecerá en la lista.

1. Haga clic en cualquiera de los símbolos que muestra para aplicarlo a los párrafos que haya seleccionado. El cuadro **Ninguno** desactiva las viñetas.

2. Si necesita algún otro símbolo, utilice **Definir nueva viñeta**, que lleva a un cuadro de diálogo (puede verlo en la figura junto al margen).

   - Con el botón Símbolo... se elige otro carácter. Para ello, se ofrece otro cuadro de diálogo (lo ofrecemos en la página siguiente).

   - Con el botón Imagen... se puede seleccionar una imagen como viñeta para los párrafos. Si se pulsa se ofrece una lista de viñetas diseñadas por Microsoft. En ese cuadro de diálogo se ve el botón [Importar...] con el que se

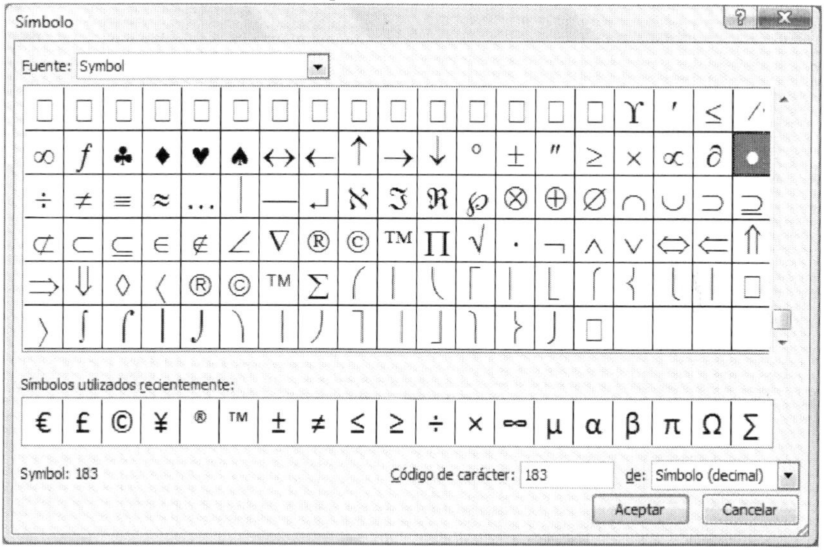

podrá elegir cualquier imagen grabada en un disco.

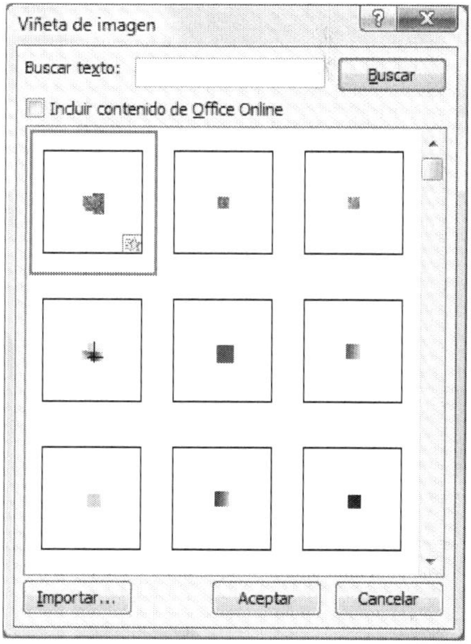

- Con el botón [Fuente...] se establece el tipo de letra que tendrá la viñeta o la numeración que se elija. Con el accederá al cuadro de **Fuentes** para seleccionar lo que se desee con él.

PÁRRAFOS NUMERADOS

Si desea que los párrafos aparezcan encabezados con números, despliegue el botón (**Numeración**) para elegir el tipo de numeración.

Si ya ha utilizado alguno antes, también aparecerá en la lista.

1. Haga clic en cualquiera de los tipos de numeración para aplicarlo a los párrafos seleccionados. El cuadro **Ninguno** desactiva la numeración.

2. Si se necesita otro símbolo, se utiliza **Definir nuevo formato de número**, que le lleva a un nuevo cuadro de diálogo:

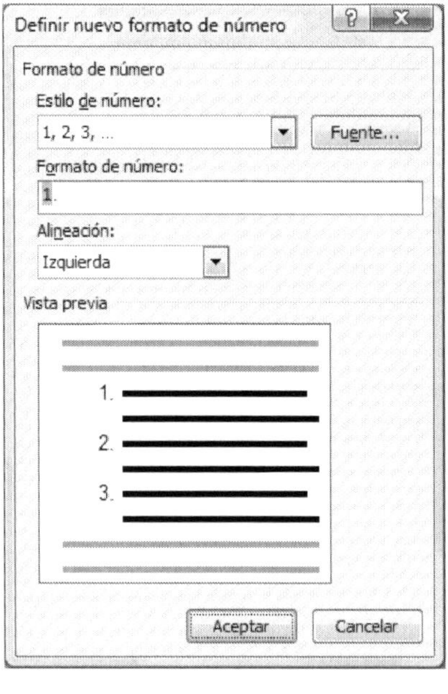

- Elija un tipo de numeración en la lista **Estilo de número** (arábigo, romano, alfabético, etc.).

- El botón [Fuente...] permite establecer el tipo de letra que tendrá la numeración. Con él accederá al cuadro de **Fuentes**.

- En el cuadro de texto **Formato de número** se añaden a la numeración aquellos símbolos o caracteres que deban acompañarla. Por ejemplo, si se desea que detrás del número aparezca un paréntesis, un punto u otro carácter.

- La lista **Alineación** para indicar la forma en que deben colocarse los números a la izquierda de cada párrafo.

LISTAS MULTINIVEL

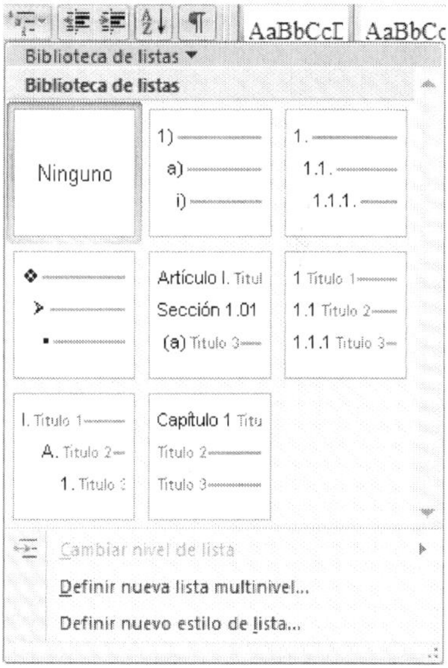

Si los párrafos han de aparecer encabezados con varios niveles y números, despliegue el botón (**Lista multinivel**) para elegirlos.

Si ya ha utilizado alguno antes, también aparecerá en la lista.

1. Se hace clic en cualquiera de los tipos de numeración para aplicarlo a los párrafos seleccionados. Con la opción **Ninguno** se desactiva la numeración.

2. Cuando se necesita que algunos párrafos aparezcan con otro nivel y numeración, se utiliza la opción **Cambiar nivel de lista** que ofrece varios para elegir. Esto se puede hacer manualmente seleccionando los párrafos y pulsando la tecla del **TABULADOR** tantas veces como se desee. Si se pulsa esa tecla combinada con la de **MAYÚSCULAS** se consigue el efecto contrario.

3. Para otros símbolos, elija **Definir nueva lista multinivel**. Lleva a otro cuadro:

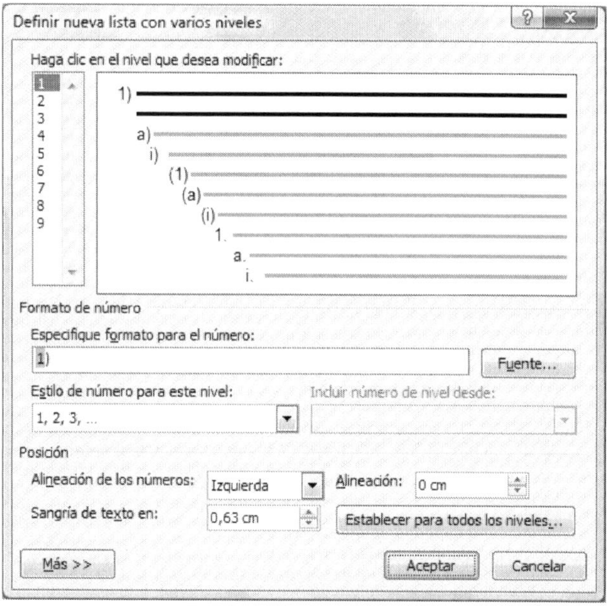

Se dispone de los mismos elementos que para la personalización de la numeración de párrafos, aunque además se puede emplear la lista **Nivel** para alterar cada nivel del esquema. También podrá separar o acercar el número al margen, así como el texto con los cuadros de texto **Alineación** y **Sangría de texto**.

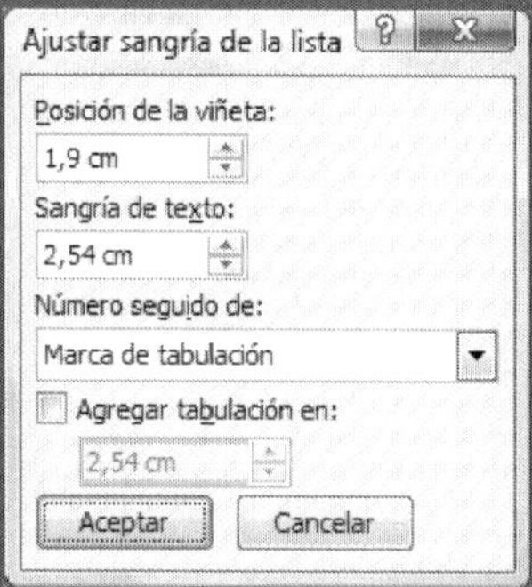

Cuando aplique una lista de viñetas, de párrafos numerados o multinivel, puede hacer clic con el botón derecho del ratón sobre cualquiera de sus párrafos para elegir la opción **Ajustar sangrías de lista** y modificar la distancia de las viñetas o del texto con el margen.

BORDES

El botón que se encuentra en el grupo **Párrafo** de la ficha **Inicio** (en la cinta de opciones) permite elegir y definir recuadros para los párrafos del texto. Existen dos posibilidades:

1. Si se activa un borde alrededor de un párrafo sin marcarlo, aparecerá un recuadro en la página que irá ampliándose conforme se escriba el texto en su interior.

2. Si se selecciona un párrafo (o más) antes de utilizar esta función, todo lo seleccionado quedará enmarcado o sombreado (o bien ambas cosas). En este caso, el sombreado o el borde tendrán una anchura horizontal que abarcará desde la posición en la que se encuentre la sangría izquierda hasta la posición de la sangría derecha.

Si se despliega el botón se obtiene la lista que puede verse junto al margen.

Sólo hay que seleccionar una de las opciones de la lista para que se rodee un párrafo con líneas.

La opción **Bordes y sombreado**, al final de la lista, lleva a un cuadro de diálogo con el que se pueden construir recuadros personalizados (lo mostramos en la página siguiente).

1. Con el grupo **Valor** se puede elegir un borde prediseñado con el aspecto que puede ver ahí mismo.

2. Con la lista **Estilo** se podrá especificar el tipo de línea que se desea para recuadrar.

3. Se podrán elegir el **Color** y el **Ancho** del borde.

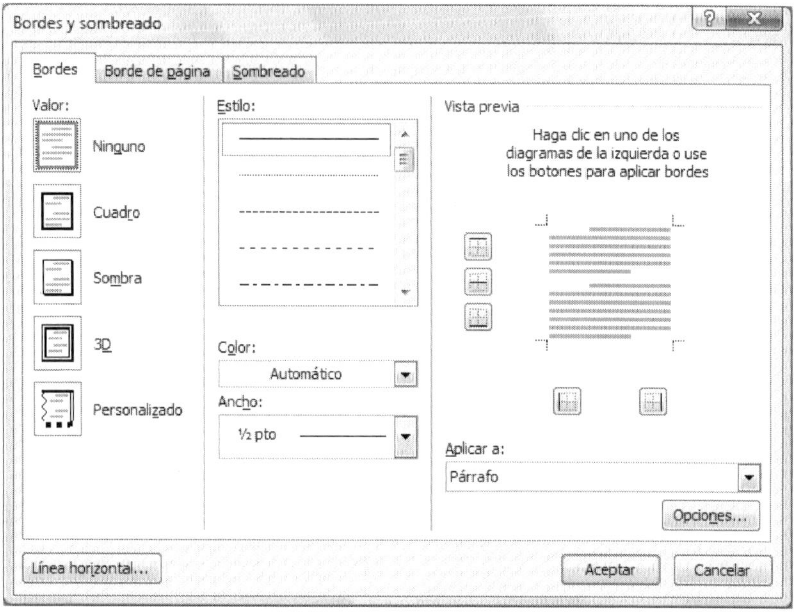

4. Se pulsan los botones correspondientes en **Vista previa** para establecer la parte del marco que debe mostrar borde (izquierda, derecha, superior o inferior).

5. La lista **Aplicar a** permite indicar el elemento del texto al que se asignará el marco: al **Párrafo** completo, al **Texto** seleccionado, a una imagen, etc.

> Debe tenerse en cuenta que el borde (y también el sombreado) abarca desde la sangría izquierda hasta la derecha, con lo cual se puede conseguir que un borde alcance un mayor o menor tamaño horizontal variando la sangría del párrafo en el que ese borde existe. Por ese mismo motivo, si se seleccionan dos o más párrafos que tengan la misma sangría y se les aplica un borde, éste los englobará a todos ellos, pero en cuanto se modifique la sangría de uno de esos párrafos éste quedará enmarcado con un borde propio y separado de los demás por tener una sangría diferente.

6. El botón [Opciones...] lleva a otro cuadro de diálogo en el que podremos indicar la distancia que debe haber entre el párrafo de texto y el marco que lo contiene.

7. El botón [Línea horizontal...] permite trazar una línea recta horizontal en el texto. Para ello, ofrece una lista de líneas en un cuadro de diálogo.

Bordes para páginas

En el mismo cuadro de diálogo está disponible la ficha **Borde de página** que puede utilizarse para generar un marco que ocupe toda la página siguiendo los márgenes. Sus opciones son idénticas a las de los bordes de párrafo y, por tanto, se manejan igual. Sin embargo, existe una excepción: la lista desplegable **Arte**, que permite seleccionar un sencillo dibujo con el que trazar el marco.

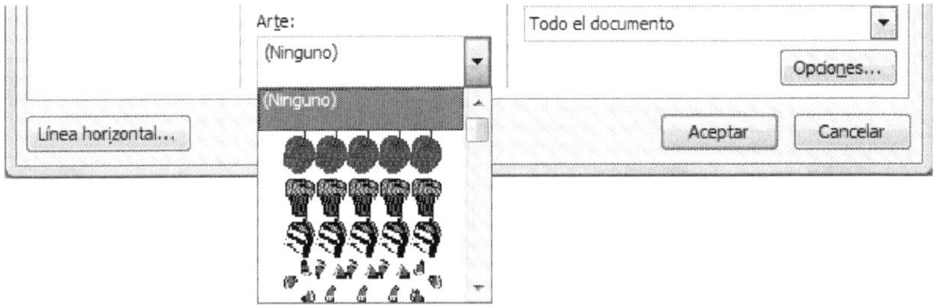

SOMBREADOS

En el mismo cuadro de diálogo podremos elegir rellenos para los párrafos. Si selecciona la ficha **Sombreado**, el cuadro de diálogo mostrará el aspecto que ofrecemos en la figura de la página siguiente:

1. Se elige el color en la lista **Relleno**. Si se necesita un color que no se ve en la lista, se selecciona **Más colores**, con lo que aparecerá otro cuadro de diálogo con dos fichas (**Estándar** y **Personalizado**) en el que se podrá elegir cualquiera de los colores que se encuentran. También se puede elegir **Sin color** para eliminar uno ya elegido.

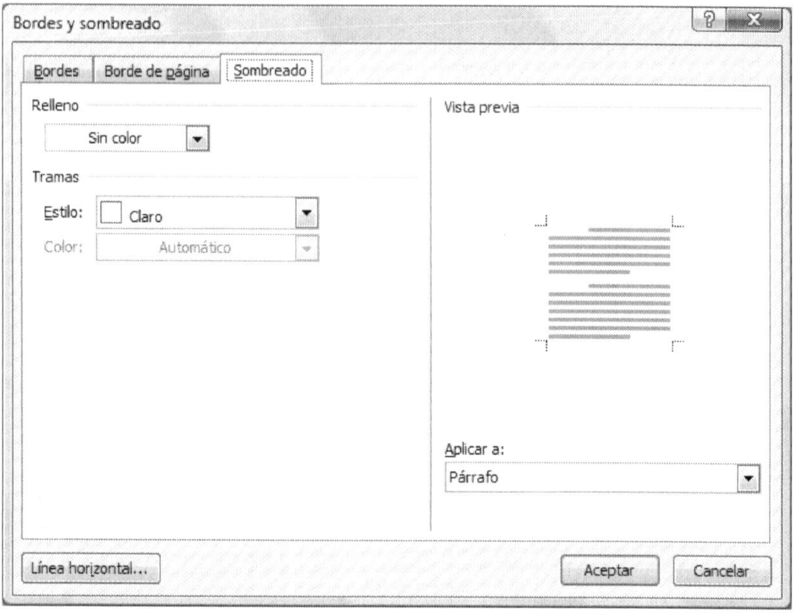

2. El tipo de relleno se selecciona en la lista **Estilo** con su correspondiente porcentaje de intensidad de sombra, que podrá mezclar con el **Color** para el fondo, observando el resultado en la **Vista previa**.

CREACIÓN DE COLUMNAS EN UN TEXTO

Word ofrece la posibilidad de escribir el texto en columnas. Se pueden crear mediante el botón Columnas que se encuentra en el grupo **Configurar página** de la ficha **Diseño de página** (en la cinta de opciones). En ella se selecciona uno de los modelos de columnas que se ofrecen, o bien, la opción **Más columnas**, que lleva al siguiente cuadro de diálogo:

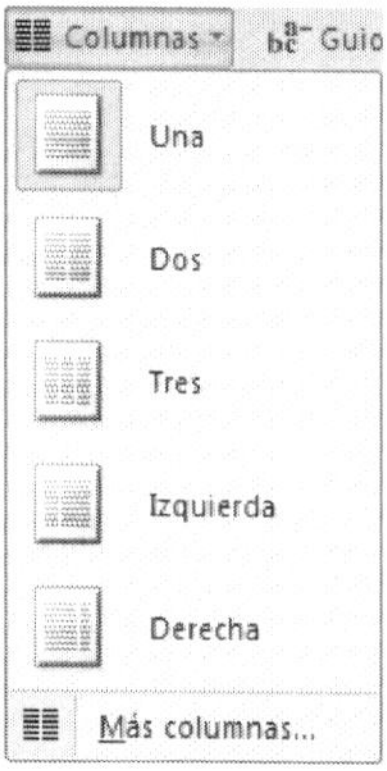

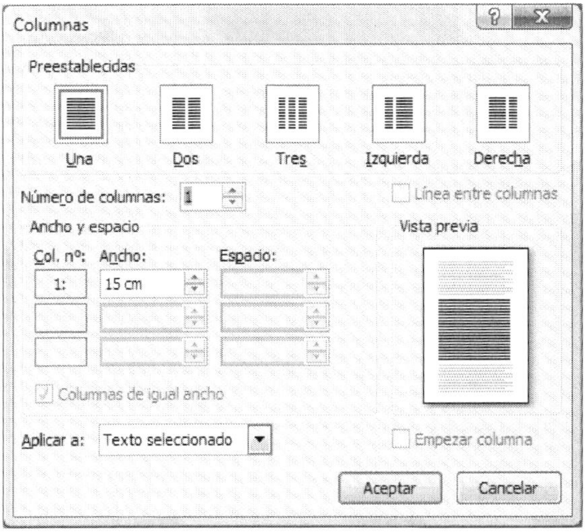

1. Para empezar, se puede elegir cualquiera de los tipos de columnas más comunes en el grupo **Preestablecidas**, siempre que alguna de ellas coincida con la que se desee definir para el documento. Si no es así, habrá que diseñarlas comenzando por el **Número de columnas** que se desean para el texto (**Una** si se desea eliminar columnas que ya se hayan aplicado al texto).

2. Se activa la casilla de verificación **Línea entre columnas** para que aparezca una línea vertical entre cada columna.

3. El grupo **Ancho y espacio** permitirá controlar la anchura de las columnas (con el cuadro de texto **Ancho**) y el **Espacio** que se desea entre ellas. No obstante, ambos cuadros de texto quedan inhabilitados si se activa el botón **Columnas de igual ancho**, que asigna la misma anchura para todas.

4. Se debe indicar también el ámbito sobre el que actuarán las columnas, para ello existe la lista **Aplicar a:**. Se puede elegir entre tres opciones de esa lista: **Esta sección**, que activará las columnas únicamente en la sección del texto en la que se encuentre; **De aquí en adelante**, que las activa a partir del punto en que se encuentre hasta el final del documento; y **Todo el documento**, que las activa automáticamente para todo el texto. Si antes de acceder al cuadro de diálogo de las columnas se había seleccionado

un texto, aparecerán otras dos opciones, **Texto seleccionado** y **Secciones seleccionadas**, que serán los lugares a los que Word aplicará las columnas.

5. Cuando se esté escribiendo un texto con columnas y se desee saltar a la columna siguiente se activa la casilla **Empezar columna**. Si había texto detrás del lugar en que se encuentre el cursor, éste se desplazará igualmente a la columna a la que nos movemos. Esto mismo también puede hacerse desplegando el botón Saltos y seleccionando la opción **Columna**.

LETRA CAPITAL

Una de las formas de conseguir que un texto resulte vistoso es utilizar al comienzo de un capítulo (o de cualquier escrito) la primera letra más grande, e incluso con una fuente distinta, que el resto. Por ejemplo, el presente párrafo contiene una letra capital con la que se da comienzo al texto de este apartado.

Para activar la letra capital en un párrafo accedemos a la ficha **Insertar** y, en el grupo **Texto** desplegamos el botón Letra capital, que ofrece dos modelos de letra capital (para que se elija uno) y la función **Opciones de letra capital**, que ofrece el cuadro de diálogo que mostramos junto al margen.

Lo primero que podemos indicar es la **Posición** en que deseamos que aparezca la letra capital. Para ello, se elige su tipo (**Ninguna**, **En texto** o **En margen**) para aplicar sus características de aspecto. Una vez que se ha hecho esto, se puede seleccionar el tipo de letra mediante la lista **Fuente**. Por último, se puede indicar el tamaño que se desea para la letra capital especificando cuántas líneas de texto abarcará la letra (**Líneas que ocupa**), así como la distancia que se necesite entre la letra y el resto del texto del párrafo (**Distancia desde el texto**).

ESTILOS

Un estilo es un grupo de formatos reunidos bajo un mismo nombre. Cuando se aplica un estilo, el texto que lo recoge adquiere todas las funciones que contiene el estilo: tipo de letra, sangría, alineación, separación de párrafos o líneas, tabulaciones, bordes, idioma, marco y numeración.

Una vez que se define un estilo, puede emplearse en cualquier documento, e incluso se puede guardar en disco para llevarlo a otros ordenadores que tengan instalado Word.

Para aplicar un estilo a un texto se selecciona éste y se despliega la lista de estilos en la que se ha de elegir uno. Se encuentra en el grupo **Estilos** de la ficha **Inicio** de la cinta de opciones.

En cualquier momento puede aplicar un estilo de forma sencilla pulsando las teclas **CONTROL + MAYÚSCULAS + W**. Esto muestra el panel de tareas de estilos (si no estaba ya a la vista) en el que podemos teclear el nombre del estilo que deseemos aplicar al texto seleccionado.

Para definir un nuevo estilo se activa la **ventana Estilos** mediante el botón del grupo **Estilos**. Mostramos dicha ventana en la figura junto al margen en la página siguiente.

1. La lista ofrece otro modo de aplicar los estilos al texto sólo con hacer clic en uno.

2. Al llevar el ratón sobre uno de los estilos de la lista aparece un botón a su derecha para desplegar varias opciones:

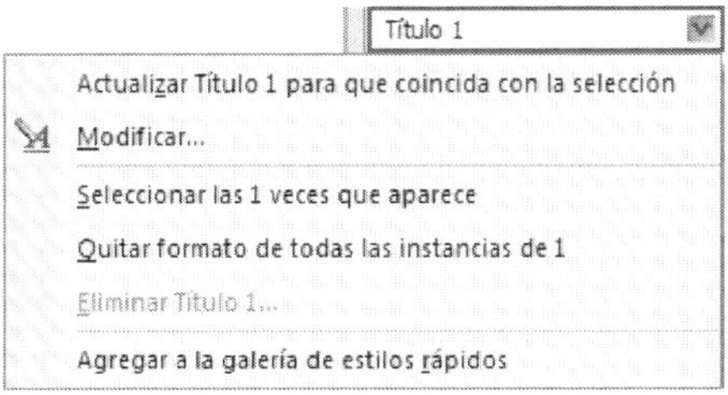

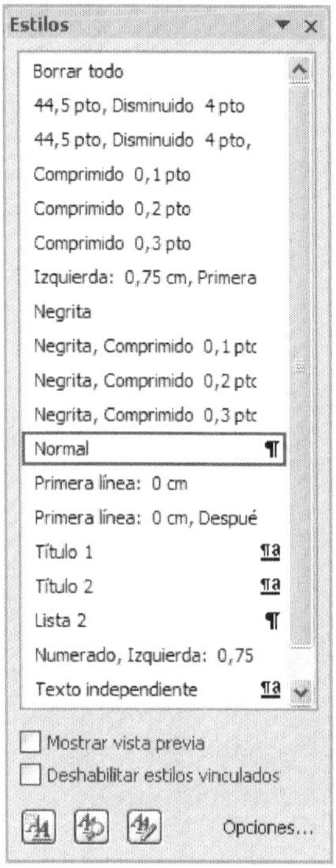

- **Actualizar para que coincida con la selección** sustituye el aspecto que aplica el estilo con el que ofrezca el texto seleccionado.

- Con **Modificar** se pueden cambiar las características del estilo. Esta opción lleva al mismo cuadro que vamos a detallar para crear nuevos estilos.

- **Seleccionar las veces que aparece** selecciona el texto del documento al que se le ha aplicado ese estilo y podamos cambiarlo de algún modo.

- **Quitar formato de todas las instancias** desactiva el estilo en todas las partes del texto en las que estuviese aplicado.

- **Eliminar** borra un estilo de la lista. Sólo se podrán eliminar los estilos definidos por el usuario: no se pueden eliminar los originales de Word.

- **Agregar a la galería de estilos rápidos** añade el estilo actual a la lista que ofrece directamente el grupo **Estilos** en la cinta de opciones. Si un estilo ya está ahí esta opción no estará disponible y, en su lugar, dispondremos de **Quitar de la galería de estilos rápidos** para eliminarlo de ella.

3. Puede emplear el botón (**Nuevo estilo**) en la parte inferior de la ventana para crear nuevos estilos. Este botón lleva a un cuadro de diálogo (puede verlo en la página siguiente):

   - Es necesario asignar un **Nombre** al nuevo estilo y debe ser distinto a los que ya existan.

- La lista **Tipo de estilo** permite indicar la clase de estilo que se va a definir. Se podrá elegir entre estilo para **Párrafo** o estilo para **Carácter** (estilo que afectará a una letra o varias del texto).

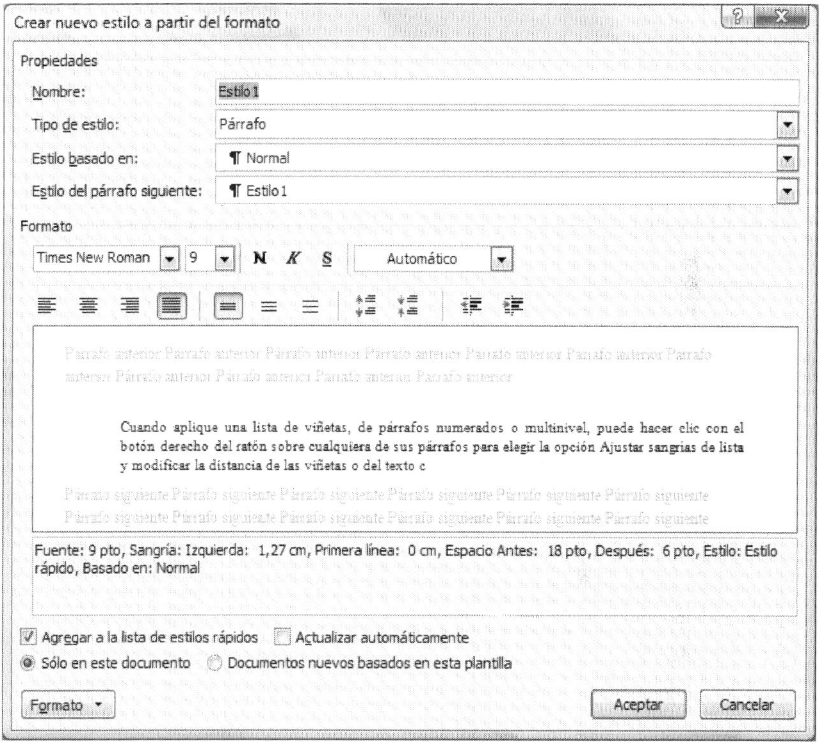

- Si el estilo que se va a definir es parecido a otro que ya exista, se puede elegir este último en la lista **Estilo basado en**, ya que entonces se ahorrará diseñar los formatos que tengan en común ambos estilos. Además, futuros cambios en el estilo base afectan igualmente a los estilos basados en él.

- En la lista **Estilo del párrafo siguiente** se puede establecer el estilo que tendrá el párrafo que se escriba a continuación del que tenga el estilo actual. Si se desea que a un párrafo escrito con el estilo que está definiendo le suceda otro con un estilo concreto, utilice esta opción.

- El contenido de un estilo se define con el botón Formato. Al pulsarlo, se despliega un menú con todas las funciones que puede llevar un estilo: tipo de letra, tabulaciones, bordes, etc.

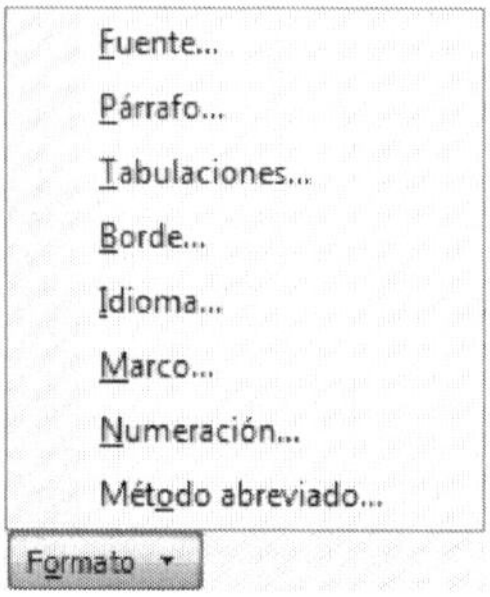

Una vez que haya creado un nuevo estilo, éste aparecerá en la lista de estilos del panel de tareas, con lo que podrá aplicarlo a partir de ese momento a cualquier parte del texto en cualquier documento.

CONFIGURAR PÁGINA

Otro apartado importante relativo al moldeado del texto es la configuración de la página. Gracias a él se podrán establecer las características generales del texto con el que se esté trabajando. Se accede a sus funciones desde la ficha **Diseño de página**, en su grupo **Configurar página**. Este grupo contiene varias funciones en botones desplegables.

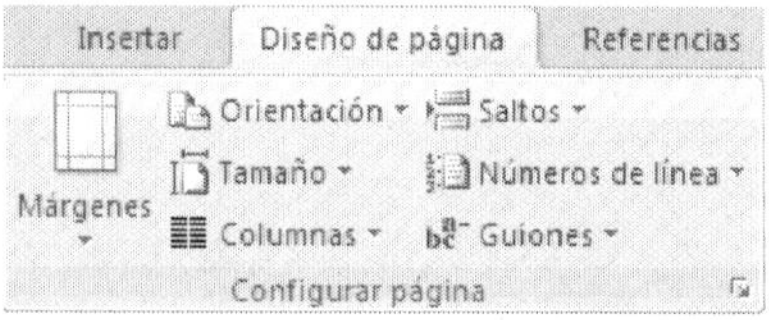

El botón **Márgenes** ofrece varios modelos de márgenes ya definidos (**Normal**, **Estrecho**, **Moderado**, etc.) para que se pueda elegir uno, y también la opción **Márgenes personalizados**, que nos permitirá establecer manualmente cada uno:

Si optamos por lo último obtendremos varias opciones en un cuadro de diálogo:

1. En los cuadro de textos **Superior**, **Inferior**, **Izquierdo** y **Derecho** se escribe la distancia del margen a los respectivos bordes de la hoja.

2. Con **Encuadernación** se podrá añadir a los márgenes interiores más espacio del que ya se haya asignado con los márgenes. De este modo, si piensa encuadernar su documento con anillas posteriormente, podrá evitar, por ejemplo, taladrar el texto.

3. **Posición del margen interno** permite indicar en qué lugar de la página se situará el margen interno, se puede colocar en la parte **Superior** o a la **Izquierda**.

4. También se puede indicar si se desea imprimir en la hoja apaisada (**Horizontal**) o en modo normal (**Vertical**) con los dos iconos del grupo **Orientación**. Esta función se puede aplicar directamente desde la cinta de opciones, mediante el botón 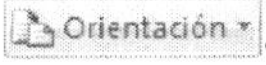

.

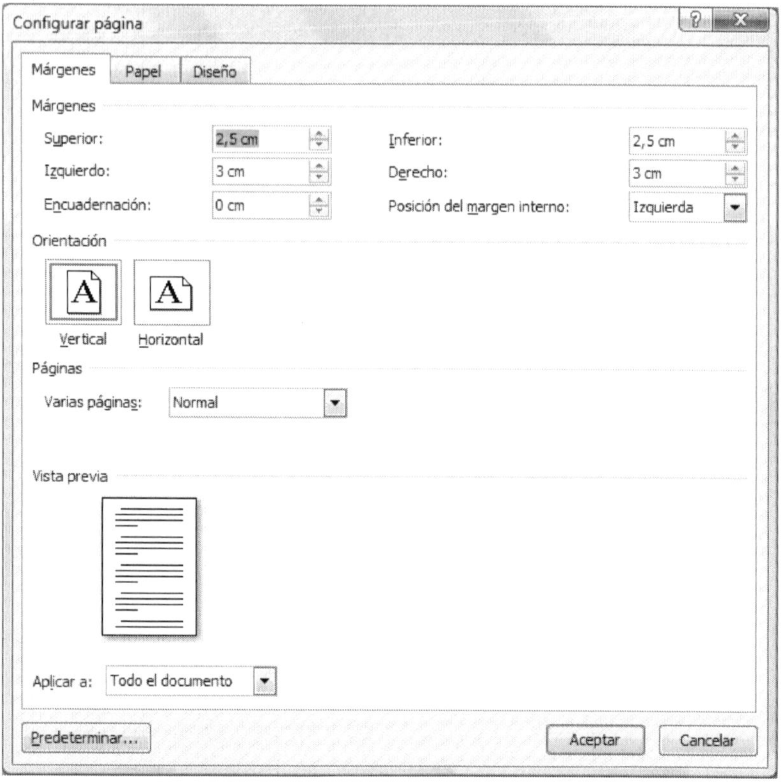

5. La lista desplegable **Varias páginas** permite optar por lo siguiente:

- **Normal** no aplica ninguna función especial cuando se trabaja con varias páginas.

- **Márgenes simétricos** asigna la misma distancia entre los márgenes exteriores y el borde de la hoja, así como los márgenes interiores.

- **Dos páginas por hoja** se emplea para imprimir en una hoja doblada por la mitad verticalmente. Word redistribuye el texto para que quepan dos páginas en una hoja.

- **Libro plegado** es una mezcla de las dos anteriores, ya que permite trabajar con márgenes simétricos pero en una hoja que vaya a ser doblada por la mitad verticalmente con dos páginas (una al lado de otra) en una hoja de papel.

6. Con el botón [Predeterminar...] Word comenzará todos los documentos nuevos siguiendo las especificaciones que se hayan indicado en el cuadro de diálogo.

Especificar el tipo de papel

La siguiente ficha que ofrece el cuadro de diálogo, **Papel**, permite indicar las características de la hoja de papel que vamos a usar para imprimir:

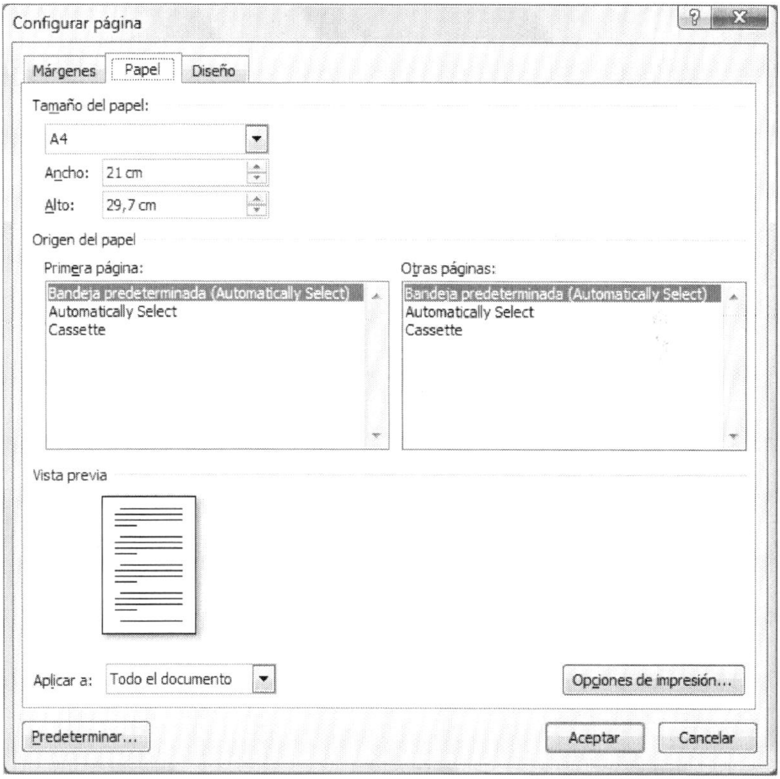

1. Con la lista **Tamaño del papel** se pueden elegir hojas de medidas estándar (ejemplo, Din-**A4**). Esta función se puede aplicar directamente desde la cinta de opciones, mediante el botón 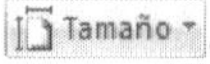.

2. Si el papel que se va a utilizar posee unas medidas distintas a las estándar, se deben emplear los cuadros de texto **Ancho** y **Alto** para establecer el tamaño.

3. Las listas **Primera página** y **Otras páginas** del grupo **Origen del papel** se emplean para establecer en qué bandeja de la impresora se va a imprimir. El contenido de estas listas varía según la impresora de que se disponga.

Diseño de páginas

La última ficha del cuadro anterior es **Diseño**:

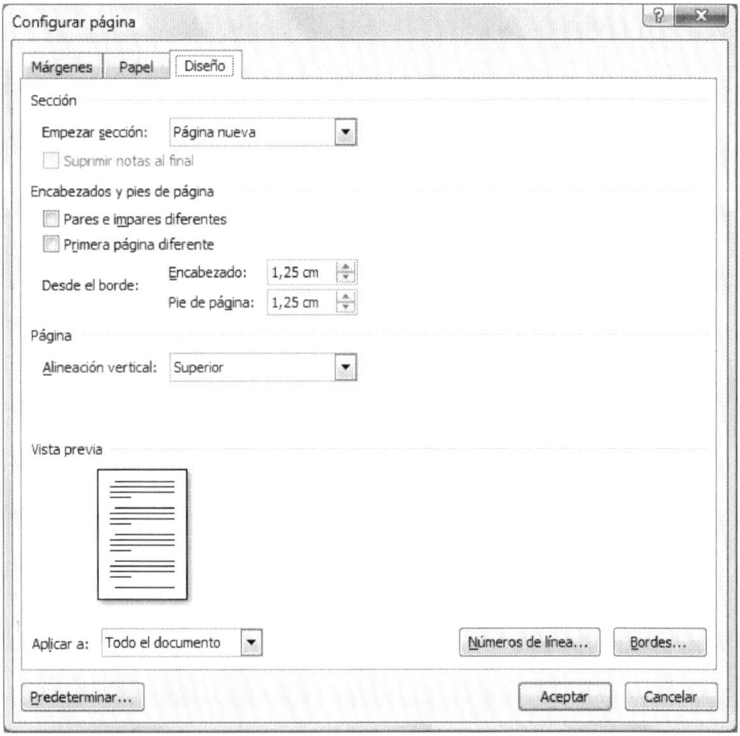

1. Con la lista **Empezar sección** se elige el modo en que debe comenzar la sección actual.

2. Los botones de **Encabezados y pies de página** permiten indicar si se va a utilizar un encabezado o pie para las páginas pares y otro para las impares (activando el botón **Pares e impares diferentes**), y si se desea que la primera página de cualquier sección sea distinta a las demás de la misma (activando el botón **Primera página diferente**).

3. El grupo **Desde el borde** permite establecer la distancia con la que se desea separar el borde de la hoja de los encabezados o pies de página.

4. La lista desplegable **Alineación vertical** permitirá situar el texto con respecto a los márgenes superior e inferior. Con **Superior** el texto se sitúa en la parte superior de la página, con **Centrada** el texto queda centrado entre los márgenes superior e inferior y con **Justificada** el texto se ajusta hasta abarcar toda la página.

5. Si se desean numerar las líneas, se pulsa el botón [Números de línea...]. Deberán indicarse después datos como el tipo de numeración para configurar el sistema.

EJERCICIOS

I) Alineación y sangrados

1. Escriba cuatro párrafos de texto, o bien, abra un texto que contenga al menos esa cantidad de texto (o más).

2. Pruebe los botones de alineación en ellos, creando alineaciones distintas en cada uno (recuerde que puede encontrarlos en el grupo **Párrafo** de la ficha **Inicio** en la cinta de opciones).

3. Después, haga lo mismo con los botones de sangrado.

II) Escritura de un índice

En este ejercicio vamos a aprovechar las tabulaciones para crear una página que contenga un índice. De hecho, vamos a reproducir la primera página del índice de un libro:

ÍNDICE

En este ejercicio debe crear también la línea doble que subraya la palabra *ÍNDICE*. El primer tabulador debe colocarse donde terminan las líneas de puntos, y el segundo debe ser de tipo derecha y estará junto al margen derecho de la página.

Deberán utilizar el botón del grupo **Párrafo** (en la cinta de opciones) y su botón Tabulaciones... . También el botón que se encuentra en el grupo

Párrafo de la ficha **Inicio** (en la cinta de opciones). Con respecto a los tabuladores, pueden colocarse a mano en la regla, salvo para realizar el relleno de puntos.

III) Lista numerada

1. Abra o escriba un texto con cuatro párrafos y utilice los botones para crear números y viñetas automáticamente delante de los párrafos.

2. Cuando haya probado varios modos de hacerlo, organice cinco párrafos del siguiente modo:

   A) Párrafo 1...

   - Párrafo 2...
   - Párrafo 3...

   B) Párrafo 4...

   C) Párrafo 5...

IV) Bordes y sombreado

1. Escriba cuatro párrafos de texto, o bien, abra uno que los contenga.

2. Enmarque cada uno de ellos con bordes diferentes. Puede utilizar el botón  que se encuentra en el grupo **Párrafo** de la ficha **Inicio** (en la cinta de opciones).

V) Columnas con letra capital

1. Escriba un texto que abarque dos páginas, o bien, abra uno que contenga esa cantidad de texto (o más, aunque si no dispone de uno puede teclearlo en este momento).

2. Utilice el botón Columnas que se encuentra en el grupo **Configurar página** de la ficha **Diseño de página** en la cinta de opciones para cambiar el texto a dos columnas.

3. Sitúese en el primer párrafo del texto. Acceda a la ficha **Insertar** y, en el grupo **Texto**, despliegue el botón Letra capital para añadir una letra capital a dicho párrafo.

4. Repita el proceso con otros párrafos y distinto número de columnas.

VI) Cambio de márgenes

1. Abra un texto de Word o escriba uno con varios párrafos.

2. Utilice la regla para regular los márgenes hasta el tamaño que desee.

3. Repita la misma operación desde el cuadro de diálogo que se genera al activar el botón **Márgenes** en el grupo **Configurar página** de la ficha **Diseño de página** (en la cinta de opciones).

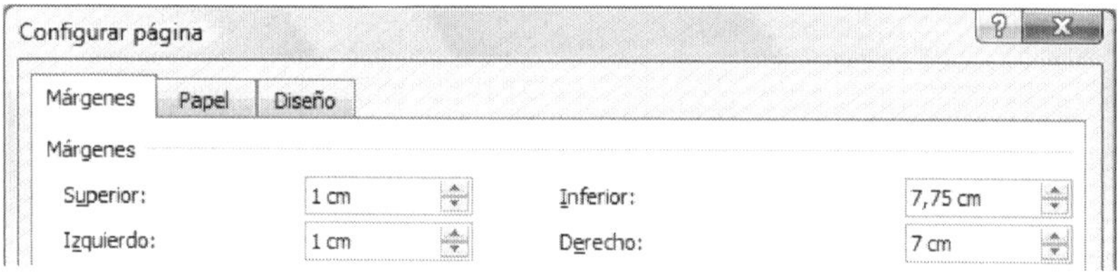

Inserte una sección en medio del texto y vuelva a modificar los márgenes. Podrá observar que el margen sólo cambia en el texto de la sección en la que se encuentre al hacer el cambio.

VII) Tarjeta de visita

1. Acceda a la ficha **Diseño de página** de la cinta de opciones y pulse su botón .

2. En el cuadro de diálogo que aparezca active la ficha **Papel**.

3. En los cuadros **Ancho** y **Alto** teclee los valores *8,7* cm. y *5,1* cm.: el tamaño de nuestra tarjeta.

4. Active la ficha **Márgenes** y teclee *0,5* cm. como valor para los cuatro márgenes (**Superior**, **Inferior**, **Izquierdo** y **Derecho**).

5. Active la ficha **Diseño** y despliegue la **Alineación vertical** para elegir **Centrada**.

6. En el grupo párrafo de la ficha inicio (en la cinta de opciones) pulse el botón de centrar ( ).

7. Teclee sus datos personales en la tarjeta, excepto el número de teléfono.

8. Deje un par de líneas vacías debajo de los datos y pulse el botón de alinear a la derecha ( ).

9. Teclee ahí el teléfono.

10. Utilice las fuentes para resaltar ciertos detalles; por ejemplo, el nombre puede ir algo más grande y en negrita. También puede mejorar la tarjeta con algunos colores para la letra (a ser posible, que no sean muy chillones). Otro detalle puede ser separar el nombre de la dirección desde el grupo **Párrafo** de la ficha **Diseño de página** en la cinta dc opciones (tecleando *10* puntos en **Después**).

VIII) Tabulaciones

Escriba los siguientes datos en columnas generadas con tabuladores:

Autor	Título	Editorial	Nº págs.
Raúl Morueco	SP NominaPlus Élite 2005	Ra-Ma	472
José Luis Raya y otros	Domine Microsoft Windows Server 2003	Ra-Ma	508
Francisco José Molina	Instalación y mantenimiento de Servicios de Internet	Ra-Ma	368
Mario Piattini y otros	Tecnología y diseño de bases de datos	Ra-Ma	980
Francisco Pascual	Domine Macromedia Studio	Ra-Ma	440

CAPÍTULO 4

TABLAS

Las tablas son estructuras compuestas por filas y columnas de celdas en las que podremos colocar texto y otros datos. He aquí un ejemplo dc tabla:

Nombre	Apellidos	Dirección	Teléfono
Jerónimo	Elindio Salvaje	Las Rocosas, 11	555-11-22
M. Carmen	Tirosa Redomada	General Ito, 1	444-33-22
Mercedes	Gaste Físico	Gimnasia, 13	111-22-33
Marcelino	Doro Blanco	Higiene, 15	111-00-00

CREACIÓN DE UNA TABLA

Para crear una tabla se puede acceder al grupo **Tablas** de la ficha **Insertar** en la cinta de opciones. Ahí se despliega el botón **Tabla**:

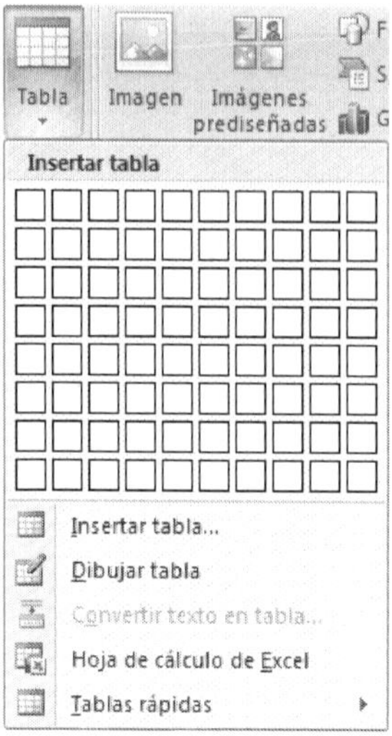

En la rejilla que muestra se hace clic y se arrastra para indicar así el número de filas y columnas que se necesitan para la tabla. Una vez elegido el número de filas y columnas de la tabla, aparece en la posición del texto en que nos encontremos (donde estuviese el cursor de texto).

Otro modo de incorporar una tabla al texto consiste en seleccionar **Dibujar tabla** en la misma lista. Se obtiene un cuadro de diálogo con datos para crearla.

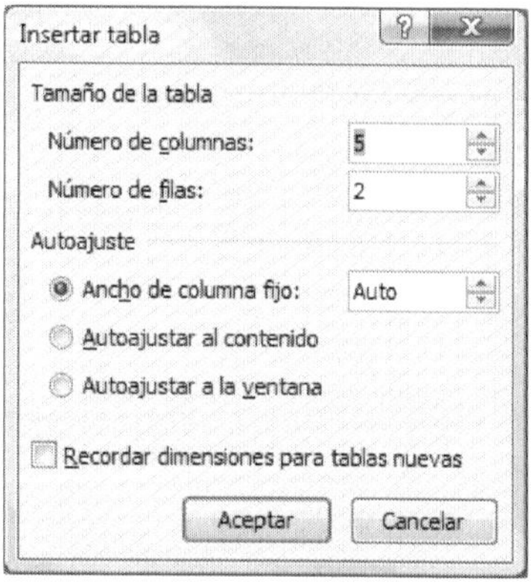

1. **Número de columnas** nos permite indicar cuántas columnas tendrá la tabla.

2. **Número de filas** nos permite indicar cuántas filas tendrá la tabla.

3. Con **Ancho de columna fijo** se establece el modo de anchura de las columnas de la tabla. El modo **Auto** (o **Automático**) es variable (con él podrá ampliar o reducir el ancho de cualquier columna utilizando sus bordes cuando la tabla ya esté en el texto), pero si desea que sus columnas tengan un tamaño fijo, establezca el ancho (en centímetros) usted mismo.

4. **Autoajustar al contenido** se asegura que las celdas adapten su anchura al texto contenido en ellas.

5. **Autoajustar a la ventana** resulta útil para diseñar páginas Web, puesto que la tabla que creamos se ampliará o reducirá automáticamente en el navegador cuando un usuario la esté viendo. En el caso de una página normal de papel, la tabla abarcará la página completamente a lo ancho (siempre dentro de los márgenes).

6. Si se activa la casilla de verificación **Recordar dimensiones para tablas nuevas**, los datos que haya especificado en el cuadro de diálogo aparecerán así automáticamente cada vez que vaya a crear una tabla.

Una tabla también se puede crear y modificar dibujando. Cuando se despliega el botón **Tabla** en la cinta de opciones, se puede acceder a la opción **Dibujar tabla**. En ese momento el cursor del ratón toma el aspecto de un lápiz con el que podemos hacer clic y arrastrar en diagonal para trazar un rectángulo que contendrá la nueva tabla. Después se trazan los bordes de las filas y columnas de celdas que se desean.

SELECCIÓN DE CELDAS Y DESPLAZAMIENTOS POR LA TABLA

Algo más que debe saberse antes de ver las funciones que se pueden aplicar a los datos de las tablas es cómo moverse por las celdas de la tabla y cómo seleccionar celdas.

1. Para pasar de una celda a otra puede utilizarse el ratón, haciendo un clic sobre la celda a la que se desea acceder.

2. También se pueden utilizar las teclas del cursor (flechas) del teclado.

3. Por último, puede pasarse de una celda a la siguiente pulsando la tecla Tabulador.

> Si pulsa la tecla **TABULADOR** en la última celda de una tabla, aparecerá una nueva fila de celdas a continuación (al final de la tabla).

En cuanto a la selección de celdas, la mayor parte de las funciones que se deseen aplicar a una tabla deben realizarse seleccionando previamente la celda o celdas con las que desea trabajar. Para seleccionar:

1. Se hace clic en cualquier celda y, manteniendo pulsado el botón del ratón, se arrastra hasta otra. Todas las celdas intermedias quedarán seleccionadas. Se pueden seleccionar celdas salteadas (discontinuas) al mismo tiempo manteniendo pulsada la tecla CONTROL (o CTRL).

2. Si se va a seleccionar una fila, bastará con hacer un clic a su izquierda por fuera de la tabla. Si además se arrastra arriba o abajo, se seleccionarán varias filas completas.

3. Si se va a seleccionar una columna, bastará con hacer un clic sobre ella por fuera de la tabla, muy cerca de su borde. Si además se arrastra a derecha o izquierda, se seleccionarán varias columnas completas.

4. Para seleccionar una sola celda, se debe hacer clic sobre su margen, es decir, muy cerca de su borde izquierdo pero por dentro de la misma celda.

Una vez que se tiene la tabla, pueden aplicarse casi todas las funciones de texto que hemos detallado en el resto de los capítulos. Sólo es necesario seleccionar las celdas de la tabla que quieren modificarse y después aplicar la función del mismo modo en que se haría si se estuviese aplicando a una parte de texto normal.

CAMBIOS DE TAMAÑO Y POSICIÓN

El cambio de tamaño de las filas y columnas se realiza utilizando los bordes de las mismas celdas, ya sea para cambiar la anchura de las columnas o la altura de las filas.

Lleve el puntero del ratón hasta el borde entre dos celdas, haga clic ahí y, sin soltar el botón del ratón, arrastre en la dirección deseada:

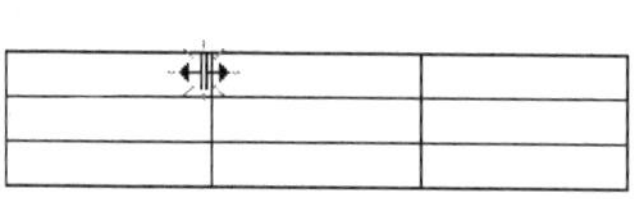

En el caso de las columnas, se hace clic en una de las separaciones...

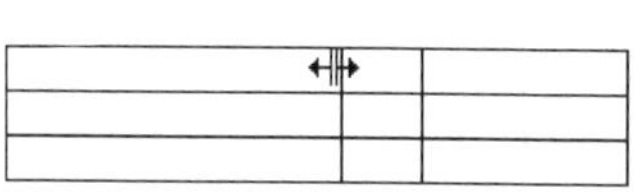

... y se arrastra hasta el lugar deseado, liberando ahí el botón del ratón

Si desea cambiar la anchura de una sola celda (o de algunas) en lugar de todas, selecciónelas primero, repitiendo el proceso, las únicas celdas que se verán afectadas por el cambio de tamaño serán las que hayamos seleccionado antes. Esto no puede aplicarse a la altura de las celdas.

Si se trata de desplazar la tabla, se puede arrastrar. También podremos ampliar o reducir su tamaño. Puede observarse que, cuando el puntero del ratón se encuentra en alguna parte sobre la tabla, ésta ofrece un controlador de movimiento en su parte superior izquierda. Además, también podrá ver un controlador de cambio de tamaño en su parte inferior derecha:

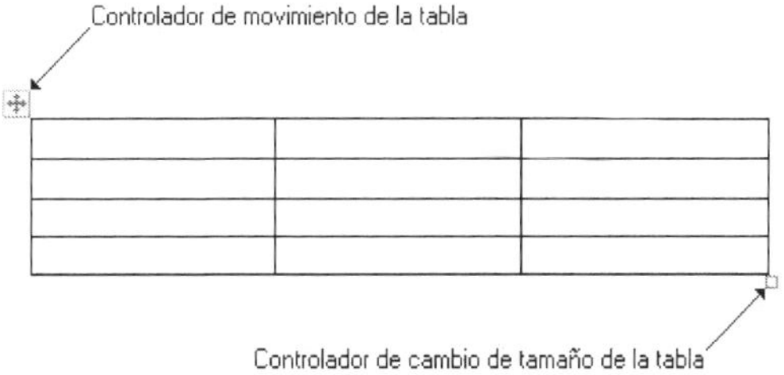

Haga clic sobre cualquiera de estos controladores y, sin soltar el botón del ratón, arrastre en la dirección deseada.

DISEÑO DE LA TABLA

Cuando nos encontramos en una tabla del texto, Word muestra dos fichas añadidas en la cinta de opciones, **Diseño** y **Presentación**, que nos ayudarán a construir y dar forma a las tablas.

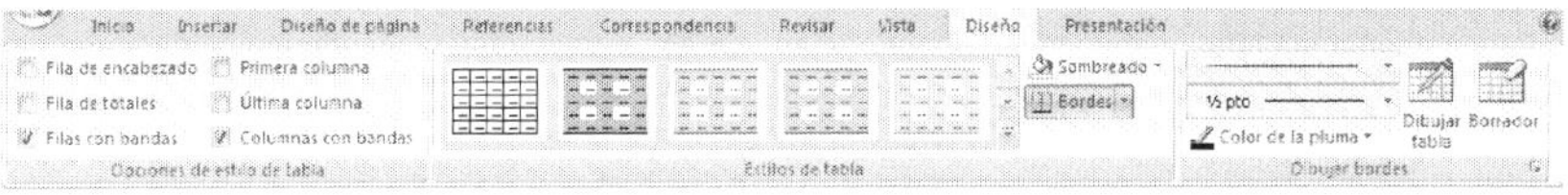

Con la ficha **Diseño** disponemos de varios grupos de funciones con los que se puede cambiar el aspecto de la tabla:

1. **Opciones de estilo de tabla** ofrece varias casillas que activan y desactivan parte del aspecto de los **Estilos de tabla**. Por ejemplo, si se desactiva la casilla **Filas con bandas**, la tabla no mostrará colores alternos en sus filas.

2. **Estilos de tabla** ofrece varios modelos de aspecto para la tabla en la que nos encontremos. Podemos hacer clic sobre una para aplicar su aspecto, o desplegar la lista para obtener una gran cantidad de modelos entre los que elegir. Al desplegar dicha lista se obtienen también, al final de la misma, tres opciones para administrar los estilos:

   - **Modificar estilo de tabla**. Permite cambiar las características de aspecto del estilo.

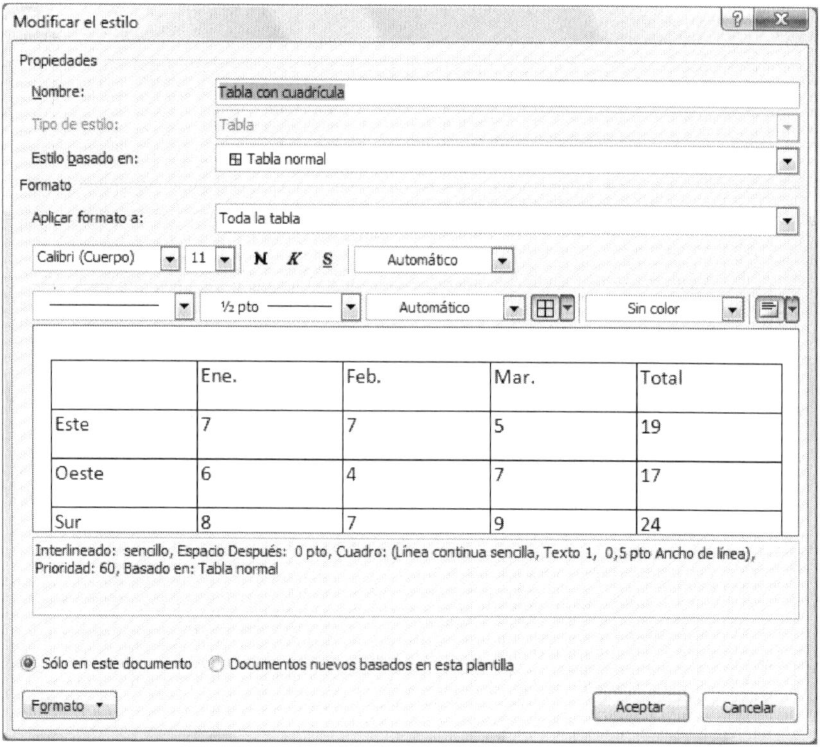

Se debe indicar en qué estilo está basado el actual (**Estilo basado en**), a qué parte de la tabla se va a aplicar el estilo (**Aplicar formato a**), establecer las características de aspecto (fuente, tipo de borde, color, etc. y el botón [Formato ▾]) y si el estilo estará disponible para todos los documentos (**Documentos nuevos basados en esta plantilla**) o sólo para el actual (**Sólo en este documento**).

- **Borrar**. Elimina un estilo de tabla de la lista.

- **Nuevo estilo de tabla**. Permite crear un estilo de tabla que se añadirá a los demás de la lista. El cuadro que se utiliza es el mismo que hemos descrito para la modificación de los estilos.

- [Sombreado ▾] permite elegir el color que se utilizará como fondo para las celdas seleccionadas previamente. Elija **Sin color** para desactivar el color de fondo y **Más colores** para obtener una paleta mayor de colores y elegir uno.

- [Bordes ▾] permite elegir los lados del borde que deben dibujarse. Para ello, es necesario elegir la celda o celdas de la tabla que deben tener ese borde y, a continuación, elegir uno de la lista que aparecerá al desplegar el botón. Si se pulsa sobre la parte izquierda del mismo, se aplicará el último borde utilizado a la celda. Elija **Ver cuadrículas** para mostrar las líneas separadoras de las celdas (incluso las que no tengan borde) y **Bordes y sombreado** para poder acceder a todos los tipos de borde y sombreado en el correspondiente cuadro de diálogo.

3. **Dibujar bordes** ofrece varias opciones para cambiar las líneas de borde de las celdas:

-  (**Estilo de pluma**). Permite elegir el tipo de línea que se utilizará para dibujar o cambiar los bordes de la tabla.

- [½ pto ▾] (**Grosor de pluma**). Permite elegir la anchura de la línea que se utilizará para dibujar o cambiar los bordes de la tabla.

- [Color de la pluma ▾]. Permite elegir el color que se utilizará para dibujar o cambiar los bordes de la tabla.

- **Dibujar tabla**. Al activar este botón se puede dibujar en la tabla. Cuando está pulsado, se puede trazar un rectángulo en la página con el ratón dándole así la forma externa a la tabla. Luego, se dibujan dentro las filas y columnas.

- **Borrador**. Este botón permite borrar líneas de la tabla. Sólo será necesario pasar el ratón, con el botón pulsado, por las líneas que se deseen borrar.

Con la ficha **Presentación** disponemos de varios grupos más para diseñar la tabla:

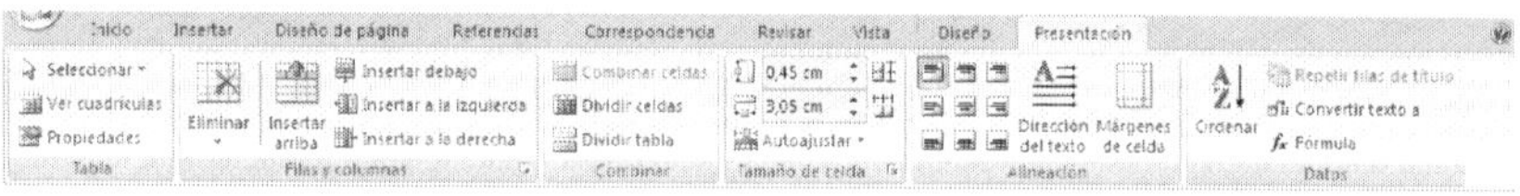

1. **Tabla**. Contiene tres utilidades:

- 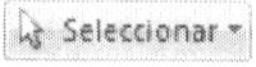

Despliega un menú con el que se pueden seleccionar celdas de la tabla.

- 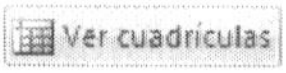

En principio, Word no muestra en la página las líneas que forman las celdas de la tabla. Podría ser interesante que se mostraran, con el fin de saber dónde se encuentran los límites de dicha celda incluso en las que no tengan ningún borde.

- 

Con esta opción se podrán ajustar la altura, anchura, posición y otros detalles de las celdas de la tabla. Esta opción ofrece un cuadro de diálogo con cuatro fichas con las que trabajar:

  a) La ficha **Tabla** (se la mostramos en la primera figura de la página siguiente) ofrece datos con los que modificar la tabla completa, como el **Ancho preferido** (para establecer la anchura de todas las columnas de la tabla), el grupo **Alineación** (con el que se puede indicar la posición horizontal de la tabla y una **Sangría a la izquierda**) y el **Ajuste del texto** (con el que se indica si el texto podrá rodear la tabla por todos lados o no).

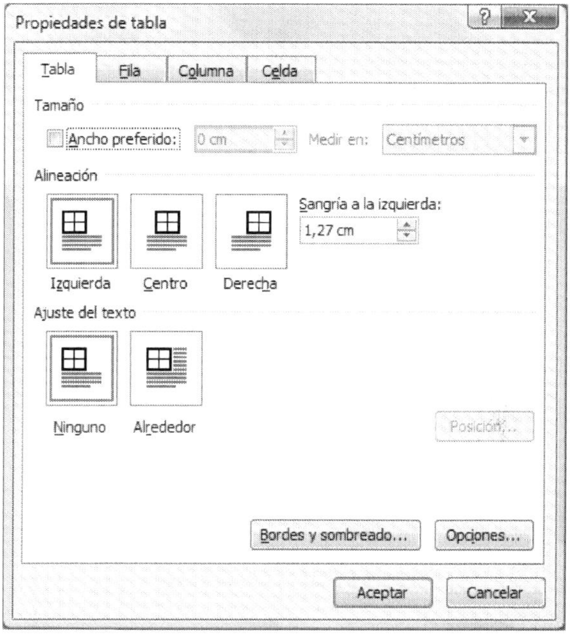

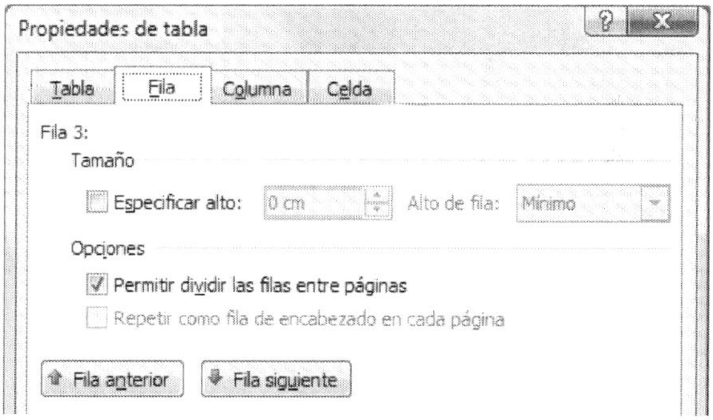

b) La ficha **Fila** ofrece datos para modificar las características de la fila de celdas en la que se encuentre (o de varias filas que haya seleccionado), como el **Tamaño** (para establecer las dimensiones de las celdas de la fila), el **Alto específico** (para establecer una altura fija para la fila) junto con el **Alto de fila** (concretar el modo de indicar la altura como, por ejemplo, **Mínimo**, que establece un mínimo de altura pero que permite ampliarla más, aunque no reducirla), la casilla **Permitir dividir las filas entre páginas** (de modo que parte quede al final de una página y el resto al principio de la página siguiente y la casilla **Repetir como fila de encabezado en cada página** (la fila en la que se encuentre el cursor se repetirá automáticamente al principio de cada nueva página en la que continúe la tabla si ésta es tan grande que abarca varias páginas).

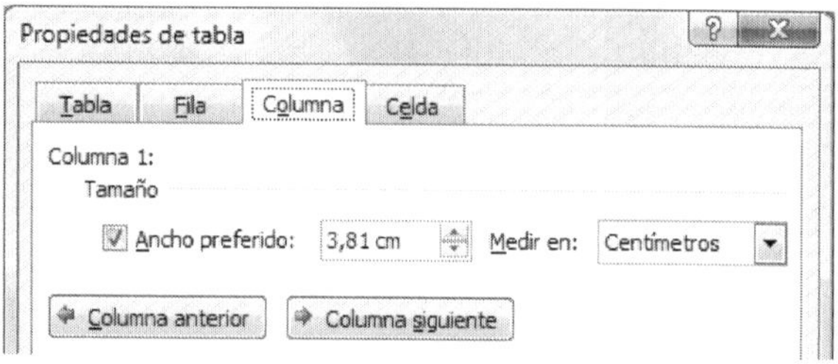

c) La ficha **Columna** ofrece la casilla **Ancho preferido** con el que se puede indicar la anchura que tendrán las columnas seleccionadas de la tabla. Se puede elegir la unidad de medida de las columnas mediante la lista **Medir en**.

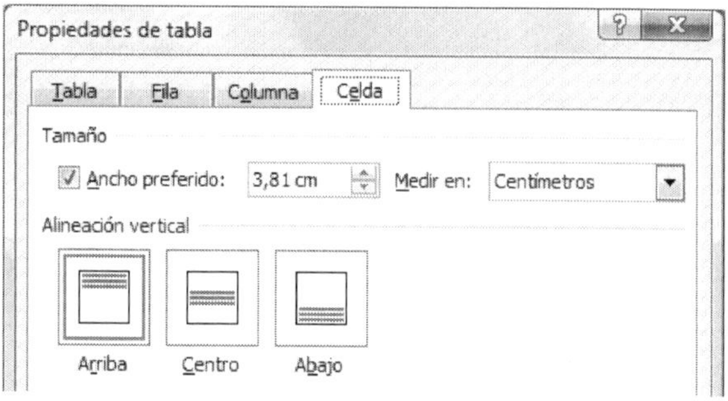

d) La ficha **Celda** ofrece la casilla **Ancho preferido** para establecer la anchura que tendrán las celdas seleccionadas de la tabla (se puede elegir la unidad de medida de las columnas mediante la lista **Medir en**) y la posición vertical del texto de las celdas con los datos del grupo **Alineación vertical**: **Arriba**, **Centro** y **Abajo**.

2. **Filas y columnas**. Ofrece varias funciones para añadir y quitar celdas de la tabla:

    - El botón **Eliminar** permite borrar celdas de la tabla. Para ello ofrece una lista de opciones con las que se especifica qué es lo que se va a borrar. Las opciones de **Eliminar columnas** y **Eliminar filas** se limitan a realizar su función sin solicitar ningún dato. Lo mismo sucede con **Eliminar tabla**, pero hace desaparecer ésta por completo. Si se opta por **Eliminar celdas** se obtiene un cuadro de diálogo para establecer qué se hace con las celdas restantes. Antes de aplicar estas funciones se pueden seleccionar varias celdas para aplicar el borrado a todas ellas, ya sean filas completas, columnas o celdas aisladas.

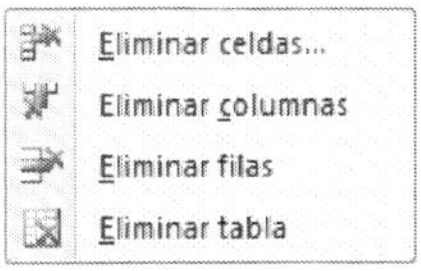

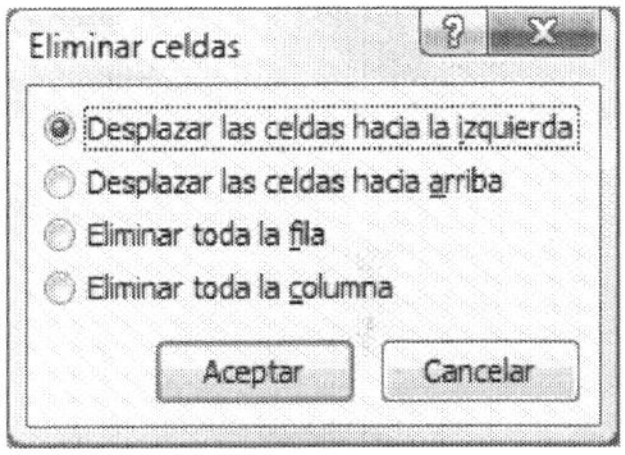

    - El botón **Insertar arriba** añade tantas filas de celdas como las que ya tengamos seleccionadas por encima de ellas. La misma tarea realizan los botones Insertar debajo (aunque añade por debajo, en lugar de por encima), Insertar a la izquierda (que añade columnas a la izquierda de aquella en la que nos encontremos) y Insertar a la derecha (que añade las columnas por la derecha).

3. **Combinar**. Ofrece tres funciones para unir y dividir celdas:

    - Una vez que se hayan seleccionado dos o más celdas contiguas, el botón Combinar celdas las reúne en una única celda más grande.

    - La operación contraria la realiza el botón Dividir celdas que, mediante un pequeño cuadro de diálogo, solicita el número de celdas y el modo en que se va a dividir la celda en la que esté el cursor.

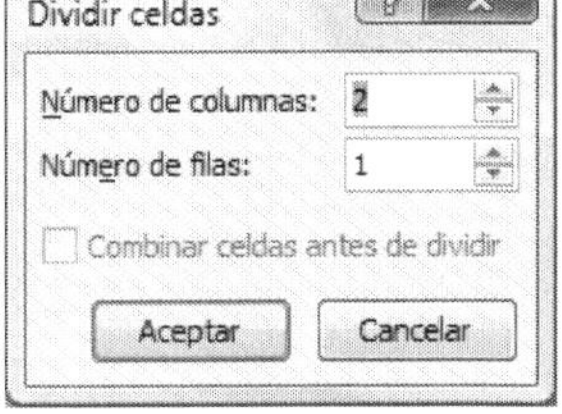

- El botón Dividir tabla separa una tabla en dos a partir de la fila en la que esté el cursor. Puesto que esta función se limita a separar las tablas añadiendo un párrafo vacío entre medias, bastará con eliminar ese párrafo para volver a reunir las tablas en una sola.

4. **Tamaño de celda**. Se utiliza para establecer las dimensiones de las celdas de la tabla:

- Sus dos primeros cuadros permiten especificar el tamaño de las celdas mediante valores medidos en centímetros.

- Los botones **Distribuir filas** ( ) y **Distribuir columnas** ( ) asignan el mismo tamaño (altura y anchura respectivamente) a todas las celdas seleccionadas.

- El botón Autoajustar despliega varias opciones con las que establecer una anchura de las celdas que se ajuste al texto que contengan (con **Autoajustar al contenido**), a la anchura que exista entre los márgenes (**Autoajustar a la ventana**), o a la anchura concreta que se establezca arrastrando las columnas por sus bordes (**Ancho de columna fijo**).

5. **Alineación**. Contiene funciones con las que se establece la colocación del texto dentro de las celdas:

- Pulse uno de los botones de alineación (, , , etc.) para situar el texto de las celdas seleccionadas en la posición deseada.

- El botón **Dirección del texto** gira 90º el texto de la celda o celdas seleccionadas. Este botón tiene un ciclo de tres pulsaciones, que colocan el texto en las tres posiciones posibles: la habitual horizontal, vertical hacia arriba y vertical hacia abajo.

- El botón **Márgenes de la celda** lleva a un cuadro de diálogo en el que se establece la separación que habrá entre el texto de las celdas y sus bordes (**Superior**, **Inferior**, **Izquierdo** y **Derecho**). También se puede establecer si las celdas estarán separadas entre sí (**Permitir espaciado entre celdas**) y si la anchura de las columnas debe ajustarse automáticamente al texto que contengan.

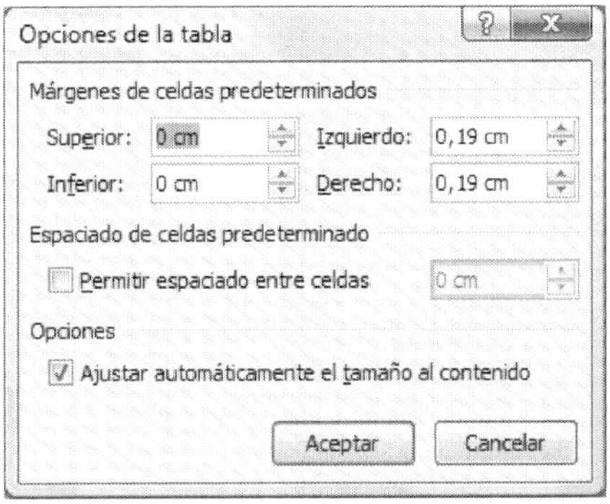

6. **Datos**. Contiene funciones sencillas de trabajo que se suelen aplicar a las tablas de las bases de datos:

   - El botón **Ordenar** clasifica alfabética o numéricamente por filas los datos de las celdas. Para ello, ofrece un cuadro de diálogo en el que se elige la columna cuyos datos van a ser ordenados (**Ordenar por**), el **Tipo** de ordenación que se realizará (si es **Texto**, de modo alfabético, si es **Numérico**, por cantidades y si es por **Fecha** por antigüedad), si se va a ordenar desde los valores más pequeños a los más grandes (**Ascendente**) o al revés y si la primera fila de la lista debe emplearse también como dato a recolocar (**Sin encabezado**) o no (**Con encabezado**).

El cuadro ofrece hasta tres datos por los que clasificar. **Ordenar por** permite elegir el dato principal de ordenación, por ejemplo, el primer apellido. Pero puesto que cualquier apellido pueden aparecer varias veces, se puede utilizar la lista **Luego por** para elegir otro dato con el que clasificar entre sí todos aquellos en los que se repite el primero. Incluso si los dos datos se repiten, disponemos de otra lista **Luego por** para elegir un tercer dato con el que clasificarlos entre sí.

Tenga presente que los datos se clasifican por filas completas. Por ejemplo, si debido a la ordenación, los apellidos cambian de fila, los demás datos pertenecientes a su persona, que se encontrarán en la misma fila original de los apellidos, deberán cambiar de fila igualmente.

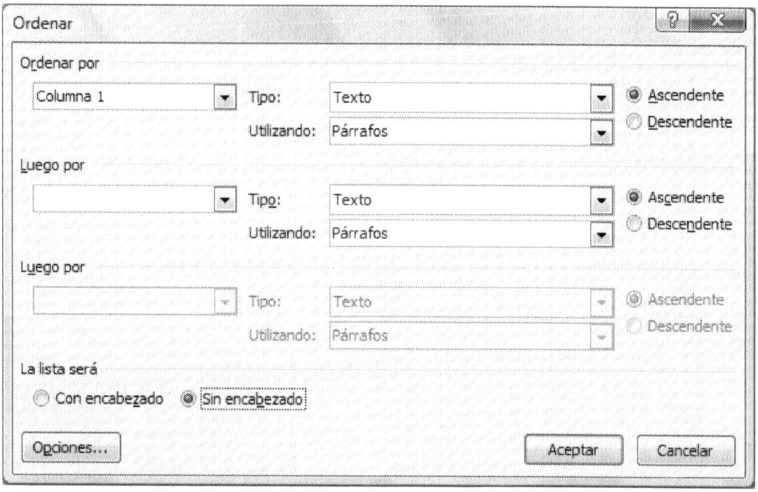

También puede ordenar datos que se encuentren fuera de una tabla y el cuadro de diálogo que permite hacerlo es el mismo que acabamos de describir. Para ello, se seleccionan los datos que se van a clasificar y se pulsa el botón  del grupo **Párrafo** en la ficha **Inicio.**

- El botón  se encarga de que todos los datos escritos en la primera fila de la tabla se repitan en la primera fila de las siguientes páginas en las que continúe la tabla. Esta función se desactiva volviendo a pulsar el botón (lo que deberá hacerse estando situado en dicha fila o seleccionando varias contiguas a partir de la primera).

-  permite transformar los datos de la tabla en texto normal. Para ello aparece un cuadro de diálogo en el que se indica qué carácter irá entre los datos de texto de las celdas: **Marcas de párrafo**, **Tabulaciones**, **Puntos y comas** o cualquier **Otro**.

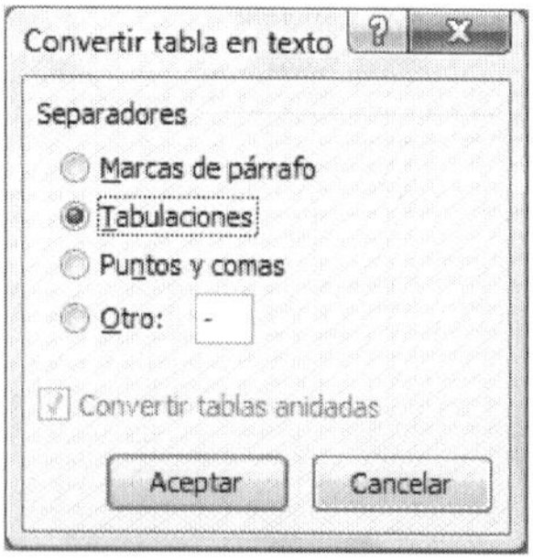

También se puede realizar la operación inversa, es decir, se puede transformar un texto común en una tabla en la que se distribuya la información ya escrita. Para ello se selecciona el texto, se accede a la ficha **Insertar** y, en el grupo **Tablas**, se despliega el botón **Tabla**. Entre las opciones que ofrece este botón, se selecciona **Convertir texto en tabla**, que ofrece un cuadro de diálogo en el que se indica cómo se distribuirá el texto en las celdas de la nueva tabla.

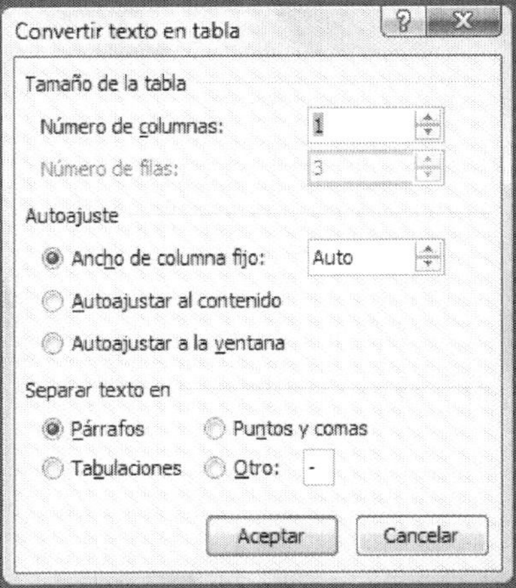

- Con el botón *fx* Fórmula se añaden cálculos, generalmente matemáticos, en los que se opera con los valores de la tabla. De esta función hablaremos con detalle enseguida.

CÁLCULOS CON TABLAS

Word permite realizar cálculos con los datos de las tablas. Para ello, se necesita haber incorporado datos numéricos a las celdas de la tabla, es decir, aquellas celdas que formarán parte de una fórmula deberán contener exclusivamente un número cada una,

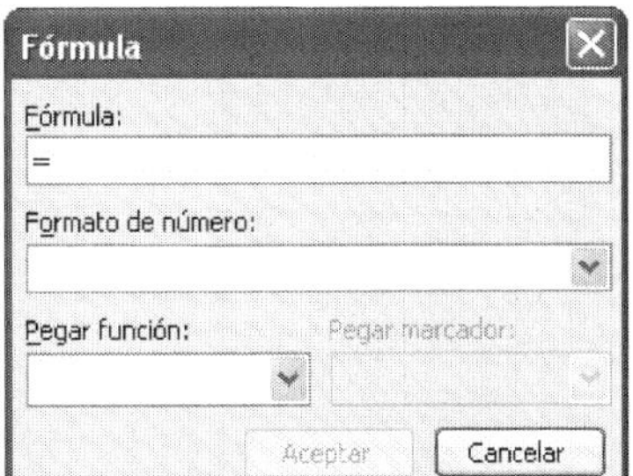

o bien, el resultado de otra fórmula. Si una celda implicada en una fórmula contiene texto (o cualquier dato no numérico), la fórmula en cuestión dará error. Para realizar algún cálculo matemático, estando dentro de la tabla, accederemos a la ficha **Presentación** y pulsaremos el botón fx Fórmula. Se obtiene el cuadro de diálogo que puede ver en la figura junto al margen.

Con ese cuadro de diálogo se pueden incorporar fórmulas y funciones matemáticas (y de otros tipos) a su tabla. Puede activar este cuadro de fórmulas incluso fuera de las tablas, aunque no podrá emplear las direcciones de las celdas para obtener resultados: únicamente podrá teclear números en sus operaciones. No hay que olvidar teclear el símbolo igual que (=) antes de la fórmula.

El cuadro de texto **Fórmula** permite incluir en su interior una fórmula matemática cuyo resultado irá destinado a la celda en que se encuentre cuando la escriba.

Las fórmulas se escriben utilizando los "nombres" de las celdas, datos numéricos y los operadores aritméticos:

1. Las celdas se nombran mediante su posición de filas y columnas, como si se tratase del juego de los barquitos. A cada columna le corresponde el nombre de una letra por orden alfabético (de izquierda a derecha), mientras que a cada fila, le corresponde un número comenzando por el 1 (de arriba a abajo). Los nombres de las celdas se forman mediante la letra y el número correspondiente, por ejemplo, la primera celda es A1, la que está a su derecha es B1, y la que está debajo de la primera será A2.

2. Los operadores que permitirán realizar los cálculos son los siguientes:

   + para **sumar** (ejemplo: B1+2)

   - para **restar** (ejemplo: 5-C6)

   * (asterisco) para **multiplicar** (ejemplo: 5*6)

   / (barra inclinada) para **dividir** (ejemplo: B2/A1)

   ^ (acento circunflejo) para **elevar** (ejemplo: D5^2 equivale a $D5^2$)

   () (paréntesis) para **agrupar** operaciones (ejemplo: (8+6)/B5)

Con la lista **Formato de número** se puede indicar en qué formato aparecerá el resultado de la fórmula escrita en el cuadro de texto anterior. Se puede elegir entre varios formatos de la lista. Por ejemplo, si se trabaja con datos monetarios, lo correcto sería elegir el formato **#.##0,00 €;(#.##0,00 €)**, que añadirá a los números resultantes dos decimales y el dato € (y si es negativo lo presentará entre paréntesis).

En las celdas también se podrán emplear funciones de cálculo (sumas, promedios, recuentos, etc.) ya programadas. Para ello, debe utilizarse la lista **Pegar función** que aparece en el cuadro de diálogo anterior.

En dicha lista se ofrecen varias funciones y no necesariamente matemáticas. Cada una de ellas necesitará ciertos datos que le proporcionaremos detrás del nombre de la función y entre paréntesis.

Por ejemplo, con Word existe la función SUMA, cuyo fin es sumar todos los datos que se le proporcionen, transfiriendo el resultado correspondiente a la celda en que se encuentre. Para utilizar esta función se escribe en el cuadro de texto **Fórmula** la palabra **SUMA** (o seleccionarla de la lista **Pegar función** en la que podrá encontrar ésta y otras funciones), seguida de paréntesis en los que indicaremos el rango de celdas a sumar. Un ejemplo:

=SUMA(A1:B5)

Esta función sumará todos los valores numéricos comprendidos entre la celda A1 y la B5 (A1, A2, A3, A4, A5, B1, B2, B3, B4 y B5).

Las fórmulas en Word no se recalculan automáticamente, es decir, si realizamos un cambio en alguna celda que afecte a una fórmula, ésta no variará, mostrando aún el resultado del cálculo antiguo. Si desea actualizar dicho resultado, deberá acceder de nuevo a la fórmula, sin necesidad de cambiar nada en el cuadro de diálogo, ya que la fórmula sigue escrita en su sitio (en el cuadro de texto **Fórmula**).

Los nombres de las funciones aparecen en inglés. Por ejemplo, la función **SUMA** aparece como **SUM**.

EJERCICIOS

I) Creación de una tabla sencilla

1. Diseñe la siguiente tabla accediendo a la ficha **Insertar** de la cinta de opciones, desplegando el botón **Tabla** y seleccionando la opción **Insertar tabla**:

Nombre	**Apellidos**	**Teléfono**
Eva	Porada Porelsol	1234567
Eva	Sion y Fuga	2345678
Eva	Luación Continua	3456789
Ana	Tomía Sinuosa	4567890

2. Diseñe de nuevo la tabla desplegando el mismo botón anterior, pero seleccionando **Dibujar tabla**.

II) Creación de una plantilla para facturas

Diseñe un documento de factura. Puede ver una muestra en la página siguiente:

1. Los datos de las celdas de la primera columna (*Cantidad*) deben aparecer centrados.

2. Los datos de las celdas de la segunda columna (*Concepto*) deben aparecer alineados a la izquierda.

3. Los datos de las celdas de las columnas tercera y cuarta (*Precio unitario* y *Precio total*) deben aparecer alineados a la derecha con el fin de que coincidan unidades, decenas, centenas, etc.

4. Los precios totales son el resultado de multiplicar las cantidades por los precios unitarios: realice las fórmulas necesarias para obtener el resultado correcto.

5. La celda del *IVA* debe contener la suma de todos los precios totales multiplicados por el IVA (actualmente el 16) y divididos entre 100: realice igualmente la fórmula necesaria (no utilice el símbolo % para el IVA, es decir, utilice únicamente los correspondientes números y funciones).

6. En el *Total*, sume todas las cantidades que haya en esa columna.

Compañía Achaco S.A.
C/ Intrascendente, 5
28000 – Madrid

Lunes, 12 de noviembre de 2001

Factura número:			
Cantidad	**Concepto**	**Precio Unitario**	**Precio Total**
20	Ordenadores Hibe Eme	150000	3000000
20	Impresoras Hexon	35000	700000
20	Office XP	22000	440000
2	Escáneres Hache Pe	15000	30000
		Precio Sin IVA	4170000
		IVA (16%)	667200
		Total	**4.837.200,00 pta**

Puede convertir el resultado en una verdadera plantilla:

1. Con el texto de la factura vacía a la vista, despliegue el botón de Office y también **Guardar como**, para seleccionar **Plantilla de Word**.
2. Asigne un nombre a la plantilla (por ejemplo, *Factura*) en el cuadro de texto **Nombre de archivo** y pulse Guardar.

Para crear una nueva factura, elija la opción **Nuevo** del botón de Office, haga clic en la categoría **Mis plantillas** y busque la que ha creado (si la llamó *Factura*, ése será su nombre) para que el nuevo documento esté basado en ella.

III) Creación de una tabla avanzada

Diseñe la siguiente tabla (tenga en cuenta que las celdas de la columna *Total* deberán llevar la fórmula adecuada para que se multipliquen la *Cantidad* y el *Precio por unidad*):

Nombre y apellidos		D.N.I.	
Empresa		Departamento	
Dirección			
Población		Código Postal	
Provincia			
Teléfono		Fax	
Nombre	**Cantidad**	**Precio por unidad**	**Total**
Ventanas opacas		200000	
Neumáticos de papel		100000	
Jeringas sin aguja		50	
Ratón sin bola		100	
Zapatos sin suela		2000	

CAPÍTULO 5

HERRAMIENTAS MÁS ÚTILES DE WORD

En el presente capítulo vamos a exponer una serie de herramientas de gran utilidad en Word. Se trata de funciones que tendríamos que realizar manualmente si Word no nos las ofreciera automáticamente. Así ahorraremos tiempo y trabajo.

DESHACER Y REHACER

Word permite anular las operaciones que se vayan desarrollando. Puede utilizarse para casos en los que, por equivocación, se realice una operación incorrecta o no satisfactoria. En ese caso pulse el botón 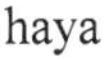 de la barra de herramientas de acceso rápido. Al activarla, lo último que haya hecho será anulado como si nunca lo hubiese realizado. Si a pesar de todo decide que lo primero estuvo bien, podrá volver a reactivarlo con el botón de la misma barra de herramientas.

El primero botón es desplegable. Si se despliega, aparecerá una lista de las últimas funciones que hemos realizado en el texto para poder deshacerlas. Si, en la lista que aparezca, se elige alguna función intermedia, se anularán todas ellas desde la primera hasta esa que se selecciona en la lista.

EL BOTÓN DERECHO DEL RATÓN

En Word existe la posibilidad de acceder rápidamente a las funciones más comunes relacionadas con un elemento pulsando el botón derecho del ratón sobre él (si es zurdo y así lo ha hecho notar a Windows, en su caso, será el botón izquierdo).

Si nos situamos sobre una imagen del texto y pulsamos el botón derecho del ratón en ella, aparecerá un menú en el que podremos elegir opciones relacionadas con las imágenes.

Igualmente podremos utilizar el botón derecho en texto o información seleccionada como bloque. Incluso es posible, como ya hemos visto anteriormente, pulsar el citado botón sobre los elementos que no pertenezcan a la información que se diseña, por ejemplo, sobre las barras de herramientas.

Siempre que desee realizar alguna función de las más comunes para algún elemento de Office, antes de decidirse a localizarla en las fichas de la cinta de opciones, pulse sobre el mencionado elemento con el botón derecho del ratón, ya que obtendrá la correspondiente lista con las funciones más comunes para ese elemento y la minibarra de herramientas. Esta sencilla operación puede ahorrarle el tiempo de búsqueda de funciones en la cinta de opciones, sobre todo si aún no ha memorizado con la práctica su ubicación dentro de sus fichas y grupos.

BÚSQUEDA Y SUSTITUCIÓN DE PALABRAS Y FRASES

Cuando se desea encontrar un dato en un texto escrito con Word, basta con pulsar el botón 

del grupo **Edición** (en la ficha **Inicio** de la cinta de opciones) o bien pulsar las teclas **Control + B**. Al hacerlo, se obtiene un cuadro de diálogo en el que indicar todos los datos necesarios acerca de la palabra o, mejor dicho, del texto que se desea encontrar.

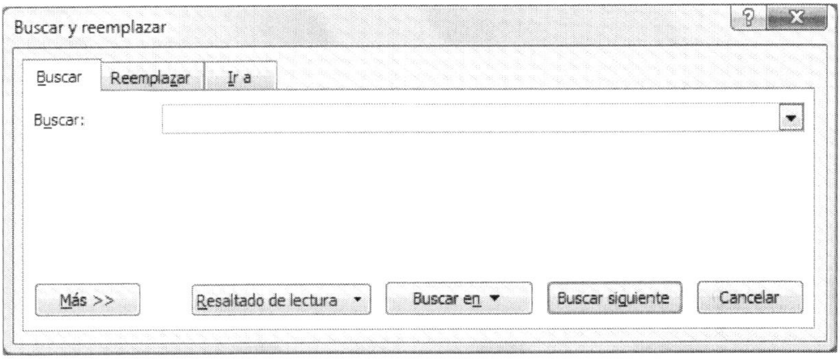

1. En la lista desplegable **Buscar** se escribe el dato que se busca. Si ya se buscó algo previamente, se puede repetir la búsqueda del mismo dato desplegando la lista y seleccionándolo.

2. Una vez escrito el dato que se va a buscar, se pulsa el botón Buscar siguiente para poner en marcha la búsqueda.

3. Si despliega la lista Resaltado de lectura, Word marca a la vez todos los términos que localice en el documento. Al desplegar la lista, también puede seleccionar **Borrar resaltado** para eliminar las marcas.

4. Se puede desplegar la lista Buscar en para indicar en qué parte del documento deberá marcarse (**Documento principal** o, si tiene parte del texto seleccionada, en la **Selección actual**).

5. Si se va a concretar más sobre el dato que se busca, se pulsa el botón Más >>. Este botón amplía el cuadro de diálogo añadiendo más opciones (lo puede ver en la página siguiente):

6. Con la nueva lista desplegable **Buscar** (que aparece con el dato *Todo* ya escrito) se indica la dirección en la que se va a buscar el texto. Se dispone de tres posibilidades:

   - **Hacia delante**. Busca desde la posición actual hasta el final del texto.

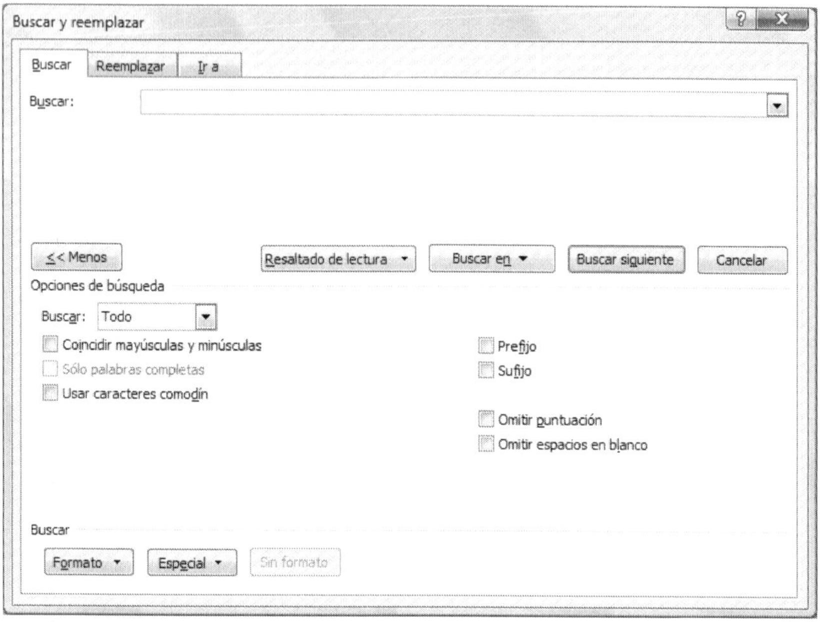

- **Hacia atrás**. Busca desde la posición actual hasta el principio del texto.

- **Todo**. Busca en todo el texto desde la posición actual hasta el final del texto, continuando desde el principio hasta la posición en que se comenzó la búsqueda.

7. Al activar **Coincidir mayúsculas y minúsculas**, se localizará sólo el texto que coincida exactamente, letra por letra, en sus mayúsculas y minúsculas.

8. La casilla **Sólo palabras completas** obliga a Word a indicar que se ha encontrado el texto sólo si lo que se escribió aparece en éste formando una sola palabra. Así, si este botón **no** se activa e indicamos que se busque la palabra *que*, Word no sólo se detendrá en esta palabra, sino que también lo hará, por ejemplo, en la palabra *queso*, ya que contiene las letras *q*, *u*, y *e* que son las que se buscan.

9. Con **Usar caracteres comodín** se activan los **Criterios de búsqueda avanzada**, que permiten encontrar texto sin escribir íntegramente lo que se busca. Así, si se escribe como texto a buscar *p?p?*, Word se detendrá en palabras como *papá*, *Pepe* o *pipa*, ya que se han indicado las letras *p* correspondientes, aunque se desconoce lo que hay en lugar de los signos de interrogación. Existen otros símbolos para encontrar datos desconocidos. Es recomendable consultar el sistema de ayuda para conocer todos los posibles símbolos en búsquedas avanzadas.

10. La casilla **Prefijo** permite localizar el texto cuando éste se encuentra situado al principio de la palabra, mientras que **Sufijo** lo hace cuando está al final.

11. La casilla **Omitir puntuación** localiza el texto en el documento original aunque contenga signos de puntuación entre las letras escritas para buscar. Lo mismo sucede con la casilla **Omitir espacios en blanco**, es decir, localiza el texto aunque tenga espacios en blanco entre los caracteres que se buscan. Así, si por ejemplo se busca el término *quede* y se activa la casilla **Omitir espacios en blanco**, Word localizará también la expresión *que de* (con espacio entre ellas).

12. Mediante el botón Formato ▾ se indica que se busca un texto con un formato determinado (por ejemplo, un tipo de letra), y si se especifica algún formato, podrá volver a eliminarse de la búsqueda al pulsar el botón Sin formato.

13. Igualmente el botón Especial ▾ permite buscar caracteres especiales en el texto, como tabulaciones, saltos de línea, saltos de sección, etc.

Reemplazos automáticos

El funcionamiento es similar al de la búsqueda de palabras, pero además permite reemplazar automáticamente un pequeño texto por otro. Se accede a esta función seleccionando la pestaña de la ficha **Reemplazar**, que aparece en el cuadro de diálogo anterior o utilizando el botón Reemplazar en el grupo **Edición** de la ficha **Inicio** en la cinta de opciones. Se obtiene el siguiente cuadro de diálogo:

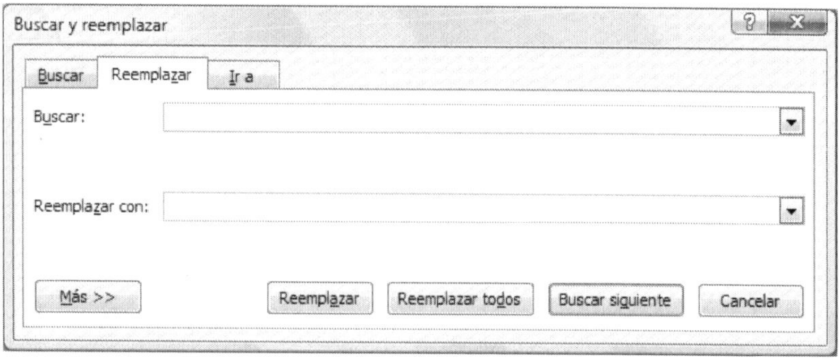

Como puede observarse, el cuadro es similar al utilizado para las búsquedas, con la diferencia de que se añaden los datos necesarios para sustituir ciertas palabras en el texto automáticamente: la lista **Reemplazar con**, y los botones [Reemplazar] y [Reemplazar todos].

En la lista **Buscar** se escribe el texto que se desea localizar con el fin de ser sustituido. Luego se escribe el texto que sustituirá al anterior en la lista **Reemplazar con**. Cuando nos encontremos en este punto dispondremos de dos posibilidades:

1. Se pulsa el botón [Buscar siguiente] para localizar el término a sustituir y, una vez encontrado, se pulsa en [Reemplazar]. Word cambia la palabra en el texto y continúa la búsqueda por si encontrase más coincidencias. Si no se pulsa el botón [Reemplazar] se ignorará ese caso y el término original del texto quedará intacto.

2. Si se pulsa el botón [Reemplazar todos], Word sustituirá automáticamente el texto que se busca en el documento completo (en todos los lugares del documento en que se encuentre). Esta función no pide ningún tipo de confirmación, de modo que, al pulsarlo, se modifican los cambios de una vez. Al terminar, Word abre un cuadro de diálogo informativo en el que especifica el número de palabras que ha encontrado y sustituido.

Como en las búsquedas, el botón [Más >>] amplía el cuadro de diálogo mostrando funciones idénticas a las que se describieron antes para las búsquedas de datos.

CORRECTOR ORTOGRÁFICO Y GRAMATICAL

Word puede comprobar el texto que se haya escrito, deteniéndose en aquella palabra que no figure en su diccionario (en principio porque ésta no estará bien escrita) y proporcionando una lista de posibles palabras correctas, de las cuales habremos de seleccionar la adecuada (si la hay) para sustituirla por la errónea.

Así mismo, la función gramatical comprueba la estructura de las frases que se escriben, indicando si una frase o parte de ella puede contener fallos de tipo gramatical (de puntuación, de género, etc.).

Para activar el corrector se emplea la opción **Ortografía y gramática** del grupo **Revisión** en la ficha **Revisar** o se pulsa la tecla **F7**.

Cuando Word encuentra una posible palabra incorrectamente escrita, aparecerá un cuadro de diálogo como éste:

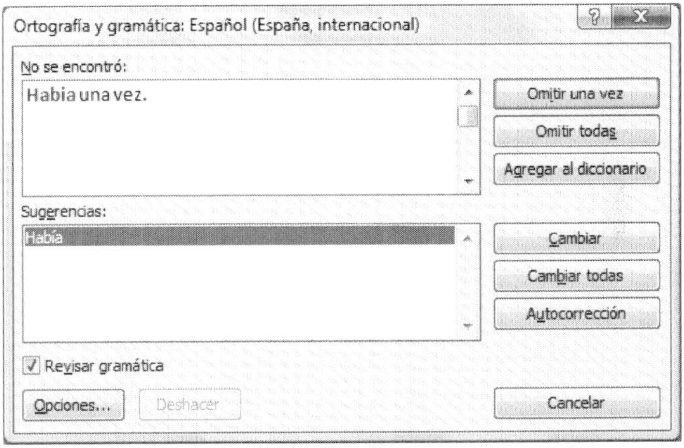

El cuadro de texto **No está en el diccionario** muestra la palabra que es posiblemente incorrecta. En él mismo se puede escribir otra que la sustituya en caso de que en la lista de **Sugerencias** no aparezca ninguna adecuada. Por el contrario, si alguna de las que aparecen es aceptable, se hace clic en ella y se pulsa el botón 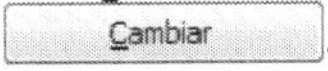

. Más aún, si en su lugar pulsamos 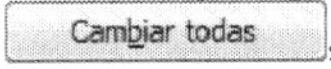

, el corrector intercambiará ambas palabras en todo el texto.

Puede darse el caso de que el corrector ofrezca como errónea una palabra bien escrita ortográficamente debido a que ésta no conste en el diccionario de palabras del idioma que se esté empleando. En este caso, disponemos de varias posibilidades:

1. El botón Omitir una vez acepta como válida la palabra en cuestión, pero se detendrá de nuevo si vuelve a encontrarla.

2. El botón Omitir todas acepta como válida la palabra en todo el texto (pero sólo en el documento en el que se encuentre, mientras no se cierre).

3. Si pulsa el botón Agregar al diccionario, la palabra supuestamente incorrecta se añadirá al diccionario (no al diccionario general sino a un diccionario personalizado). De ese modo, siempre que el corrector la encuentre de nuevo en cualquier texto será aceptada, al igual que el resto de las que ya estaban en el diccionario.

El sistema de corrección ortográfica también contempla el caso en el que se hayan escrito en el texto dos palabras iguales seguidas. En este caso, el corrector también se detendrá informándonos de ello, y en el cuadro de diálogo obtendremos que el botón Cambiar es sustituido por Eliminar, que borra automáticamente la segunda de las dos palabras repetidas.

Para terminar con el cuadro de diálogo del corrector ortográfico, en su parte inferior tenemos dos elementos con otras tantas funciones:

- El botón Autocorrección lleva a otro cuadro de diálogo en el que se puede modificar el sistema de corrección de texto según se escribe. Este tema lo detallamos enseguida.

- El botón Opciones... se emplea para establecer datos relativos al diccionario y la corrección en general, como, por ejemplo, la selección del diccionario al que irán a parar las palabras que se añadan con el botón Agregar al diccionario. El diccionario al que van a parar estas palabras por defecto es PERSONAL.DIC.

Gramática

Si se trata de un posible fallo gramatical, el cuadro de diálogo es parecido al anterior:

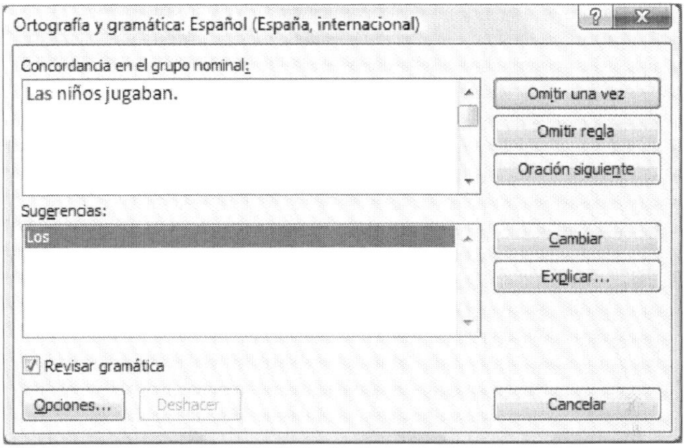

1. La lista **Error gramatical** muestra el posible fallo gramatical, remarcando la palabra clave en color verde. En este cuadro puede escribirse y corregir así el error manualmente. En este caso, una vez finalizada la corrección manual, pulsaríamos el botón 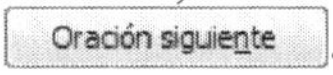.

2. Debajo, la lista de **Sugerencias** muestra las posibles soluciones que en algunos casos no son correctas.

3. El botón  salta el error dando por bueno el fallo gramatical (esto puede ocurrir con cierta frecuencia debido a que en esos casos Word no sabe con certeza el tipo de palabra que genera el error: verbo, adverbio, pronombre, etc.).

4. El botón 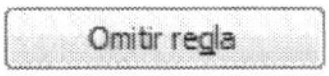 salta el error siempre que lo encuentre en el mismo texto.

5. El botón 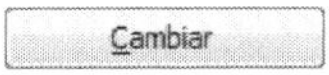 corrige el error gramatical sustituyéndolo por la sugerencia elegida en la lista correspondiente. Por tanto, deberá seleccionar una de las **Sugerencias** de la lista antes de pulsar el botón.

6. El botón  muestra información que expone por qué la frase está incorrectamente escrita.

7. **Revisar gramática**. Esta casilla de verificación permite desactivar el corrector gramatical dejando activo únicamente el ortográfico. Para ello, desactívelo.

Word subraya en color rojo aquellas palabras que no encuentra en su diccionario, y en color verde las que generan un error gramatical. Así se advierte previamente de aquellas palabras o frases que se acaban de escribir incorrectamente.

Para corregir una palabra según este nuevo sistema se pulsa el botón derecho del ratón sobre la palabra subrayada en rojo o en verde. Al hacerlo, aparece un menú encabezado por la lista de sugerencias. Si se elige una, Word las intercambiará automáticamente.

En el cuadro de diálogo, también existe el botón Deshacer que anula la última acción que hayamos tomado con el corrector.

AUTOCORRECCIÓN

La autocorrección se encarga de comprobar aquellas palabras en las que es más frecuente equivocarse al teclear según se escribe, de modo que si es así, la palabra errónea se corregirá automáticamente. Si existía anteriormente en el texto alguno de los casos que vamos a exponer, **no serán corregidos**, ya que sólo se ejecutará la corrección automática a partir del momento en que ésta se active.

Para manipular esta función se accede al **Botón de Office** y, en la parte inferior de su panel derecho se pulsa Opciones de Word. Esto lleva a un cuadro de diálogo en el que hay que localizar la categoría **Revisión**, lo que cambia el contenido del cuadro ofreciendo, entre otros, el botón Opciones de Autocorrección... Lo pulsamos y obtenemos el cuadro de diálogo que puede ver en la página siguiente:

1. La casilla **Mostrar los botones de las opciones de Autocorrección** activa una función automática que muestra un cuadrito azul (▭) cada vez que se autocorrige algo en el texto. Si esto ocurre, puede llevarse el ratón hasta dicho cuadrito con lo que aparecerá un botón ( ) que, al ser desplegado, ofrece algunas opciones relativas a la corrección que se ha realizado en ese lugar (por ejemplo, podremos anularla con la opción **Deshacer la corrección automática de ...**).

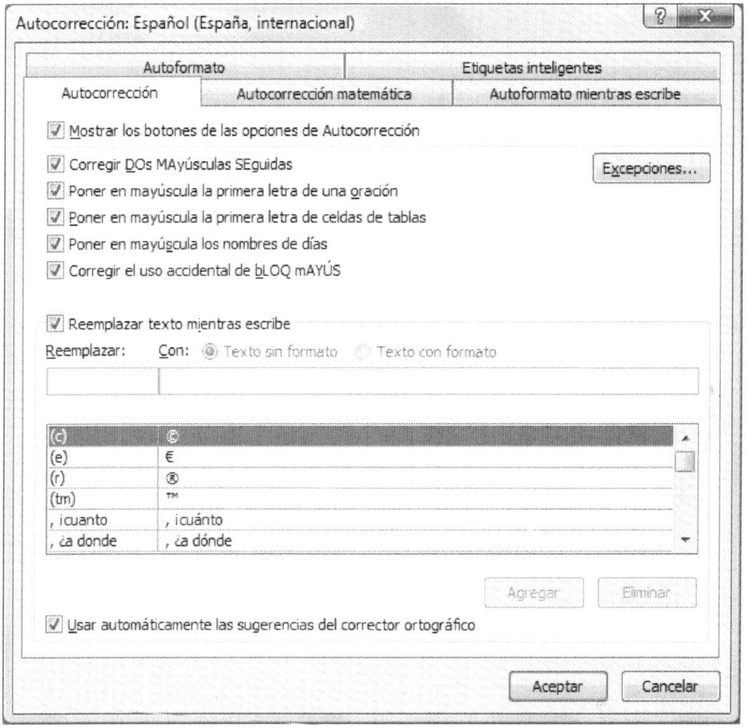

2. **COrregir DOs MAyúsculas SEguidas**. Un error tipográfico bastante común es comenzar una palabra escribiendo con mayúsculas sus dos primeras letras. Si esto ocurre pero está activada esta casilla, el autocorrector pasará a minúsculas automáticamente la segunda de ambas letras.

3. **Poner en mayúscula la primera letra de una oración**, como es de esperar, escribe automáticamente en mayúsculas la primera letra que se escriba detrás de un punto. También disponemos de la casilla **Poner en mayúscula la primera letra de celdas de tablas**, que realiza la misma tarea pero en las celdas de cualquier tabla.

4. **Poner en mayúscula los nombres de días**, cambia la primera letra de texto de cualquier día de la semana que tecleemos.

5. **Corregir el uso accidental de bLOQ mAYÚS**. La tecla **BLOQ MAYÚS** permite escribir en mayúsculas automáticamente. Pero, si se escribe en

este modo y se mantiene pulsada la tecla de mayúsculas mientras se escribe, el resultado es que el texto aparece al revés de como se pretende. Al activar esta función, el autocorrector estará preparado para corregirlo e, incluso, para desactivar la tecla **BLOQ MAYÚS**.

El cuadro de diálogo ofrece esencialmente dos funciones: permitir la modificación de las características del autocorrector y activar y desactivar el autocorrector en sí, así como la posible adición de palabras que pueden autocorregirse.

La primera ya está descrita. Veamos ahora la segunda. Para activar el autocorrector hay que mantener activada la casilla de verificación **Reemplazar texto mientras se escribe**.

En el mismo grupo aparece una lista de consulta que contiene todas las palabras o símbolos que serán sustituidos si son mal escritos. A esta lista se le pueden añadir otros que no figuren utilizando los cuadros de texto **Reemplazar:**, para escribir la palabra errónea, y **Con:**, para escribir la palabra correcta que sustituirá automáticamente a la errónea (es necesario pulsar el botón Agregar una vez escritos ambos términos). También se pueden eliminar casos de la lista seleccionándolos y pulsando Eliminar.

Para terminar, el botón Excepciones... permite establecer casos específicos en los que no debe autocorregirse el texto, de modo que todo lo expuesto en este apartado no tendrá efecto para los casos concretos que establezcamos. Cuando se pulsa este botón, aparece un cuadro de diálogo para manejar las excepciones y en él debemos indicar los casos en que no se debe hacer la autocorrección.

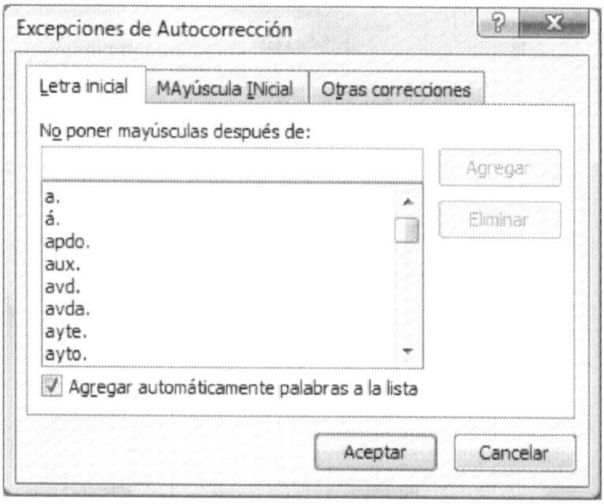

Se escribe la palabra que se desee que no se autocorrija y se pulsa el botón Agregar (esta palabra se añadirá a las que ya pueden verse en la lista). Si por el contrario se necesita borrar una excepción, se hace clic en ella y se pulsa Eliminar.

Puede emplearse el autocorrector como un sencillo sistema de abreviaturas. Si necesita escribir una palabra larga frecuentemente, acceda al autocorrector y teclee la palabra abreviada en el cuadro de texto **Reemplazar** y la palabra completa en el cuadro de texto **Con**. A partir de entonces al escribir la palabra abreviada, el autocorrector la cambiará por la palabra completa automáticamente. Por ejemplo, si necesitáramos escribir en un texto la palabra *Otorrinolaringólogo*, podemos teclear *Ot* en **Reemplazar** y *Otorrinolaringólogo* en **Con**. Desde ese momento, al teclear *Ot*, el autocorrector lo cambiará por *Otorrinolaringólogo* automáticamente.

Si desea que una abreviatura sea sustituida por una imagen, en lugar de una palabra, se selecciona esa imagen en la página y luego se accede a la Autocorrección. Podrá teclearse la abreviatura y Word la sustituirá automáticamente por la imagen en el texto.

SINÓNIMOS

Ofrece un listado de palabras de significado equivalente a otra.

Para utilizar los sinónimos, lo primero que haremos es situarnos en aquella palabra que deseamos cambiar por un sinónimo, y después pulsar el botón Sinónimos del grupo **Revisión** en la ficha **Revisar**. Al hacerlo aparece el panel de tareas (puede verlo en la figura junto al margen de la página siguiente).

Lleve el ratón sobre el sinónimo que le interese, despliegue su lista y elija **Insertar**. Si lo que necesita es obtener otros sinónimos de uno de la lista, simplemente haga clic sobre ella.

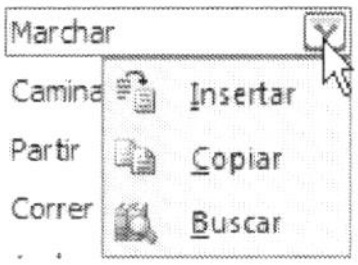

Por último, si ha utilizado varias palabras en el cuadro de diálogo, pulse el botón Atrás para ver cuál fue el sinónimo anterior que buscó (dispone del botón "adelante").

NOTAS A PIE DE PÁGINA Y NOTAS FINALES

Como sabemos, algunas publicaciones ofrecen aclaraciones al final de la página (o del documento). Word permite generar estas aclaraciones mediante notas a pie de página y notas finales. Para poder crearlas hemos de situar el cursor en el punto del texto en el que deseemos que aparezca la marca y acceder a la ficha **Referencias** para elegir, en el grupo **Notas al pie**, el botón **Insertar nota al pie**. Se obtiene un número de nota en el punto de texto en el que nos encontrábamos (el número es automático) y somos llevados a la parte inferior de la página en la que podemos teclear la aclaración.

En el mismo grupo de la ficha **Referencias** disponemos de otros botones relacionados:

1. Insertar nota al final añade la nota, pero en lugar de hacerlo al final de la página, lo hace al final del documento.

2. Siguiente nota al pie lleva a la siguiente nota a pie de página. Este botón se puede desplegar para navegar igualmente por las notas finales.

3. Mostrar notas lleva a las notas a pie de página o finales, según haya unas u otras en el documento.

En el mismo grupo se puede pulsar el botón , que lleva a un cuadro de diálogo con el que se puede configurar el modo de trabajo de las notas a pie de página y finales:

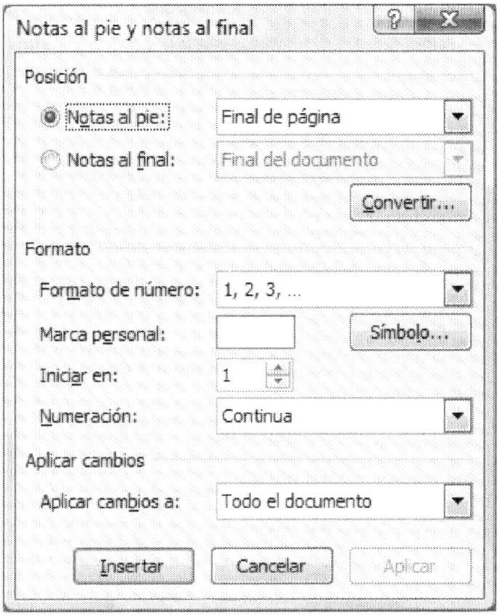

1. Con este cuadro también se pueden agregar notas al documento. Se elige **Notas al pie** o **Notas al final** según se vaya a añadir una nota de un tipo u otro y se pulsa el botón Insertar.

2. Con el resto de opciones del cuadro se precisa el modo de trabajo de las notas:

   - Si se va a utilizar la numeración automática se elige una en **Formato de número**. En este caso, también deberá indicar cuál será el primer número de nota con **Iniciar en** y qué sistema de numeración va a mantener: **Continua** (aumenta desde el principio del documento hasta el final), **Reiniciar cada sección** (se renueva en cada sección del documento) o **Reiniciar cada página** (se renueva cada página del documento).

   - Si se van a emplear símbolos se escribe uno en **Marca personal** o se pulsa el botón Símbolo... para elegirlo en una lista.

   - Utilice el botón Convertir... para transformar notas a pie de página en notas finales o viceversa.

Si necesita eliminar una nota a pie de página, seleccione su marca (número o símbolo) en el texto (en el texto y no en la nota al pie) y pulse la tecla **SUPR**.

MANTENER MÁS DE UN TEXTO ACTIVO

Como sabemos, Word permite abrir varios textos a la vez. Al abrir un texto éste aparece en una nueva ventana. Como el propio nombre de Windows indica (en inglés), tratamos con ventanas, de modo que cada texto será alojado en una ventana distinta que Word nombrará y numerará.

Para trasladarse de un documento a otro y administrar varios que estén abiertos al mismo tiempo empleamos los elementos del grupo **Ventana** dentro la ficha **Vista** de la cinta de opciones:

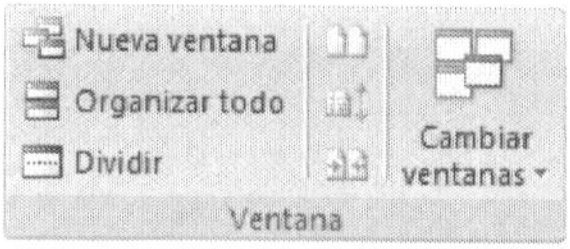

1. Nueva ventana abre otra ventana con el mismo texto en que se esté trabajando (generalmente para consultar otra parte del documento sin perder el sitio).

2. Organizar todo, que divide la pantalla en tantas ventanas como textos tengamos equitativamente en la pantalla, permitiendo mostrar una pequeña parte de cada uno.

3. Dividir permite obtener en la misma ventana dos partes distintas del mismo texto dividiéndola en dos mitades, de forma que podrá ver simultáneamente dos partes distintas del mismo documento (generalmente para cotejar datos). Si se divide una ventana, el botón cambiará por Quitar división, cuya función es volver a dejar la ventana como estaba.

4. **(Ver en paralelo)** permite inspeccionar simultáneamente dos textos para compararlos a simple vista. Si se utiliza el botón Nueva ventana, se obtienen dos ventanas con el mismo documento y viéndolos en paralelo se pueden comparar fácilmente.

Cuando se activa la función de **Ver en paralelo**, las ventanas del documento se reparten la anchura de pantalla disponible, por lo que, al haber menos espacio para cada una, la cinta de opciones se pliega parcialmente y los botones que estamos describiendo ofrecen un aspecto reducido y es necesario desplegar los grupos de la cinta.

5. (**Desplazamiento sincrónico**) se asegura de que los documentos que se están viendo en paralelo se desplazan al mismo tiempo y avanzan o retroceden la misma cantidad de texto cuando el usuario navega por uno. Este botón se puede desactivar en cualquier momento para poder acceder a un punto del texto sólo en una de las dos ventanas y reactivarse para continuar trabajando de forma sincronizada.

6. (**Restablecer posición de la ventana**) reasigna el tamaño a las ventanas de los documentos que se están comparando. Sólo es útil si antes se ha modificado el tamaño de una de las ventanas.

7. A la derecha de los botones anteriores disponemos de otro desplegable: **Cambiar ventanas**. Cuando se pulsa este botón, muestra una lista de documentos que estén abiertos en ese instante: basta con elegir uno para acceder a él.

COMENTARIOS

En un texto podemos introducir anotaciones que nos recuerden algunos datos, o bien que indiquen de qué trata el texto que está escrito a continuación, etc.

Inicialmente estos comentarios se muestran como parte del texto y no se imprimen en la impresora, pero sí que podemos verlos en la pantalla.

Para crearlos hemos de situarnos en el lugar del texto en el que deba aparecer la anotación y acceder a la ficha **Revisar** de la cinta de opciones. En ella, el grupo **Comentarios** ofrece el botón **Nuevo comentario** que, al pulsarse, genera un marco rojo en el que podremos teclear el comentario:

Haga clic fuera del marco rojo y el comentario quedará establecido.

Si vuelve a hacer clic dentro del marco, podrá modificar el texto del comentario. Cuando se inserta al menos un comentario en el documento, los botones del grupo **Comentarios** se activan:

1. Con el botón Eliminar se borra el comentario en el que estemos situados. Sin embargo, este botón es desplegable y las opciones que ofrece permiten borrar todos los comentarios del documento o bien los que estén a la vista.

2. Con los botones Anterior y Siguiente se accede a otros comentarios del documento.

ENCABEZADOS Y PIES DE PÁGINA

Gracias a los encabezados y pies de página automáticos bastará con escribir el mensaje que forme el encabezado (o pie) para que Word se encargue de depositarlo en su lugar correspondiente en la parte superior (encabezado) o inferior (pie) de varias páginas.

En la ficha **Insertar** de la cinta de opciones disponemos del grupo **Encabezado y pie de página**. En él podemos desplegar el botón Encabezado para añadir uno al texto. Lo mismo puede hacerse con el botón Pie de página para los pies de página. Ambos botones despliegan varios estilos de encabezados y pies de página. Bastará con elegir el que tenga un contenido que interese, si bien, se puede optar por la opción **En blanco** que añadirá uno vacío.

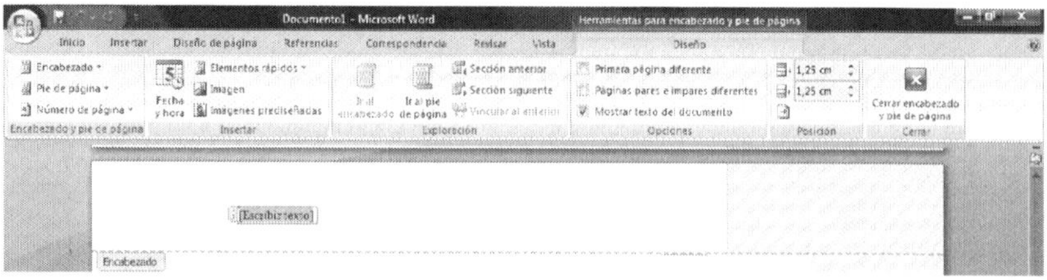

Haciendo clic en **[Escribir texto]** se puede comenzar a escribir el texto del encabezado, si bien, este mensaje varía si se selecciona otro tipo de encabezado en la lista anterior. Mientras, en la cinta de opciones han aparecido varios grupos con funciones específicas para encabezados:

1. En el grupo **Encabezado y pie de página** podemos desplegar los botones:

   - Encabezado y Pie de página para cambiar por otro el estilo de encabezado y pie de página respectivamente.

   - Número de página para seleccionar un modo de añadir el número de página a las hojas.

2. El grupo **Insertar** contiene elementos automáticos que pueden añadirse al texto del encabezado o pie de página:

   - **Fecha y hora**. Lleva al cuadro de diálogo que permite seleccionar fechas y horas que añadir al encabezado.

   - También pueden añadirse Elementos rápidos (campos, propiedades del documento, etc., incluso extras desde Internet) e imágenes (Imagen e Imágenes prediseñadas).

3. El grupo **Exploración** contiene botones que permiten navegar por los diferentes encabezados y pies de página del documento. También dispone del botón Vincular al anterior que establece una asociación entre el encabezado actual y el de la sección anterior, de forma que un cambio en cualquiera de ellos afectará al otro y siempre serán iguales (hasta que el mismo botón Vincular al anterior se desactive).

4. El grupo **Opciones** contiene tres casillas para configurar el encabezado o pie de página:

   - **Primera página diferente**. Permite establecer si se desea que la primera página de cualquier sección no muestre encabezado o pie de página alguno.

   - **Páginas pares e impares diferentes**. Permite indicar si va a utilizar dos encabezados o pies de página en el texto, uno para las páginas pares y otro para las impares.

   - **Mostrar texto del documento**. Muestra u oculta el texto de las páginas.

5. Los cuadros de texto del grupo **Posición** permiten separar en mayor o menor medida el texto del encabezado del borde superior de la página y el pie de página del borde inferior.

Una vez finalizada la creación o modificación de un encabezado o pie de página, pulsaremos el botón **Cerrar encabezado y pie de página** para que quede insertado en el texto.

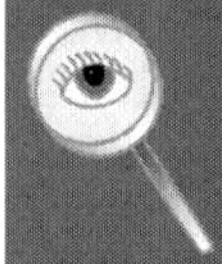

Observe que cuando pulsa ese botón y vuelve así al modo de edición del cuerpo del texto, el encabezado (o pie de página) que haya creado se ve en color gris. Al imprimir el texto, éste aparecerá con el color que se haya empleado en el encabezado, pero en pantalla se ve gris para que se distinga fácilmente el encabezado del cuerpo del texto.

Si en un texto ya existen encabezados, pies de página, notas a pie de página o anotaciones, también se podrá acceder a ellos haciendo doble clic en el encabezado o pie en cuestión.

Para borrar un encabezado o un pie de página basta con eliminar todo su contenido (borrando todo con las teclas de borrar o **SUPR**).

NUMERACIÓN AUTOMÁTICA DE PÁGINAS

Como cualquier procesador de texto, Word permite numerar las páginas automática e independientemente del texto contenido en ellas. Se trata de acceder al grupo **Encabezado y pie de página** de la ficha **Insertar** y desplegar el botón Número de página.

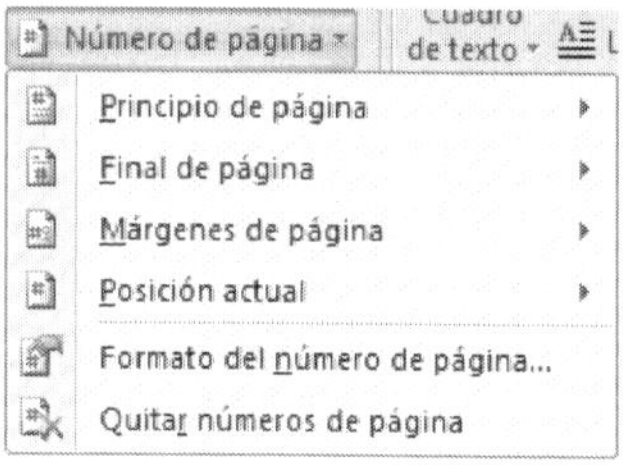

1. Las opciones **Principio de página** y **Final de página** permiten elegir entre varios estilos de números que se colocarán en la posición elegida.

2. Con **Márgenes de página** se establece a qué lado de la hoja y con qué aspecto aparecerán los números.

3. Con **Posición actual** disponemos de más estilos de aspecto y posición para los números.

4. La opción **Formato del número de página** permite establecer más detalladamente cómo aparecerán los números. Al pulsarlo, se obtiene un nuevo cuadro de diálogo en el que se puede establecer el formato de número (el tipo de numeración deseado: letras, números o números romanos), si se debe incluir el número de capítulo y si se debe reiniciar la numeración desde cada sección o continuarse.

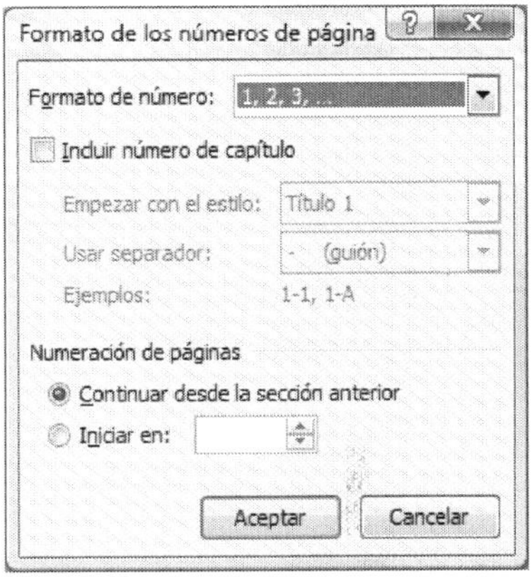

5. La opción **Quitar números de página** elimina la numeración de todo el documento.

Word coloca automáticamente los números en el encabezado (o en el pie) de la página: ahí se pueden modificar o eliminar.

FECHA Y HORA

Cuando desee incorporar a su texto la fecha actual o la hora, podrá utilizar el botón Fecha y hora que se encuentra en el grupo **Texto** de la ficha **Insertar**. Ofrece la siguiente lista de opciones:

1. Seleccione la forma en que desea que aparezca la fecha o la hora mediante la lista **Formatos disponibles**.

2. El contenido de esa lista dependerá del **Idioma** que seleccionemos, puesto que al elegir uno, los formatos se adaptan al país o países en los que se habla ese idioma.

3. La casilla **Actualizar automáticamente** se encarga de renovar la fecha cada vez que se abre el documento, tomando la de ese día.

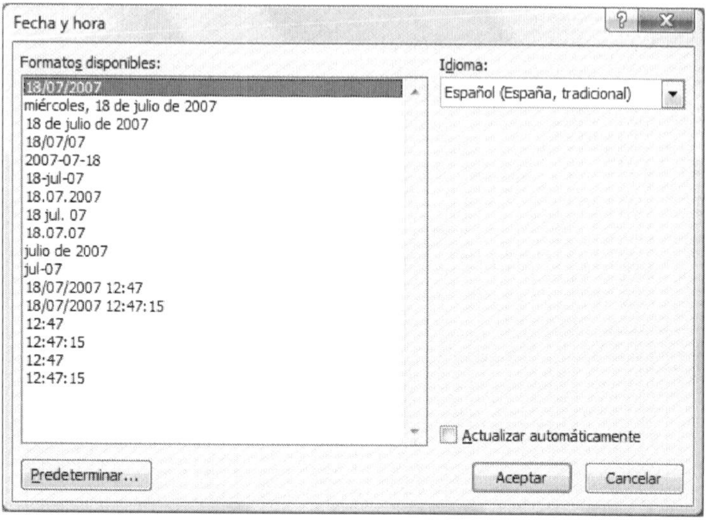

4. El botón Predeterminar... establece que el tipo de fecha que elijamos será el que aparezca por defecto siempre que se añada una al texto.

Si aparece una fecha incorrecta, deberá utilizar el icono **Fecha y hora** del **Panel de control** de Windows para cambiar cualquiera de las dos.

CARACTERES ESPECIALES Y SÍMBOLOS

Si se necesita añadir al texto un símbolo que no aparezca en el teclado, se deberá insertar uno de los denominados caracteres especiales. Se encuentran accediendo a la ficha **Insertar**, desplegando el botón Ω Símbolo del grupo **Símbolos**.

El botón ya ofrece expuestos los símbolos más comunes por si tenemos que añadir uno al texto, en cuyo caso sólo hay que hacer clic en él. Sin embargo, también ofrece la opción **Más símbolos** que lleva a un cuadro de diálogo (puede verlo en la página siguiente) con el que disponemos de otras funciones relativas al tema:

1. Con la ficha **Símbolos** se indica la **Fuente** que se va a emplear para insertar el carácter especial.

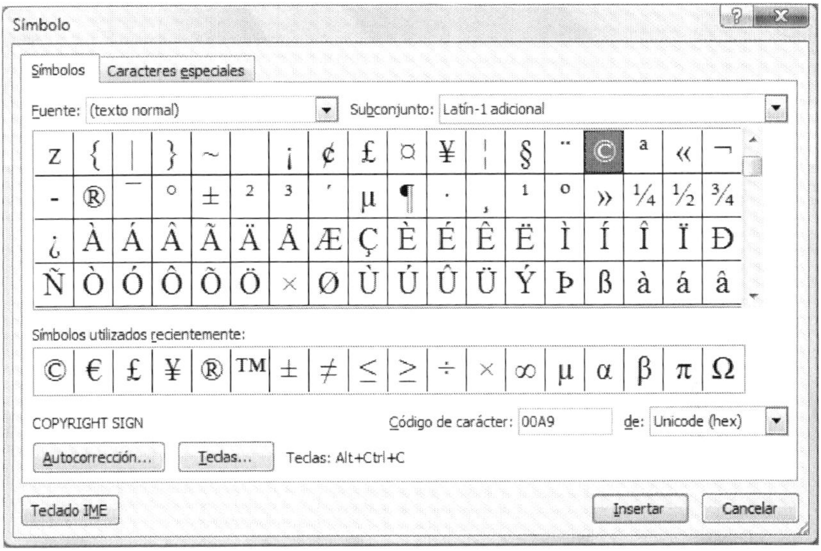

2. Utilice el ratón o las teclas del cursor para seleccionar el carácter que desee y pulse el botón Insertar. Si se conoce el código que corresponde al carácter, podrá teclearse en **Código de carácter**.

3. Para que aparezca un carácter al pulsar una combinación de teclas, se pulsa el botón Teclas... y después se establecen las teclas.

4. El botón Autocorrección... lleva al cuadro de diálogo de autocorrección con el que se podrá establecer una abreviatura que, al ser escrita, colocará el carácter en el texto.

Si se activa la ficha **Caracteres especiales**, el cuadro de diálogo cambiará para mostrar ciertos caracteres tipográficos especiales (guiones, espacios especiales, símbolos comunes como el *copyright*, etc.).

Junto a ellos aparecen las descripciones y combinaciones de teclas que se pueden pulsar para obtener cada carácter según se escribe el texto. Por lo demás, esta ficha se maneja como la anterior: básicamente se selecciona el carácter que se desea insertar y se pulsa el botón Insertar.

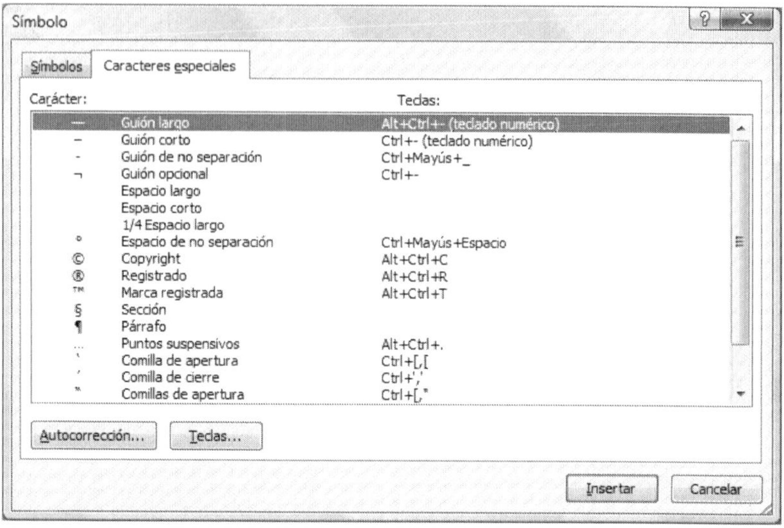

HIPERVÍNCULOS

Si se va a añadir un hipervínculo (un enlace que lleve a una página Web), lo primero es seleccionar una pequeña parte de texto o una imagen que servirá de "botón" para acceder al lugar al que nos lleva el hipervínculo. Después, debemos acceder a la ficha **Insertar** y pulsar el botón Hipervínculo del grupo **Vínculos**, lo que nos llevará al siguiente cuadro:

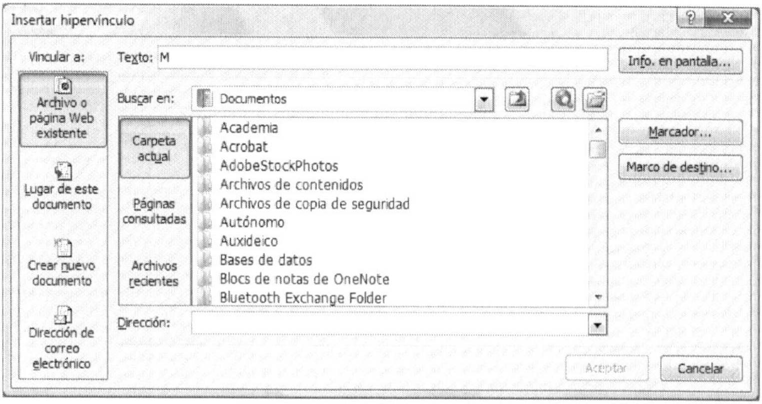

1. Teclee la **Dirección** en el cuadro de texto que lleva ese nombre.

2. En **Texto** puede teclear el mensaje receptor del vínculo, es decir, el elemento en el que se podrá hacer clic para acceder a la dirección.

3. Con el botón [Marcador...] el hipervínculo lleva a un lugar concreto dentro de la página que haya establecido en el cuadro de texto anterior. Esta función sólo es útil si la página de destino contiene marcadores.

Cuando terminemos, el **Texto** aparece en el documento con color azul y subrayado para darle el aspecto clásico de un vínculo. Si se ha asociado a una imagen, ésta no mostrará cambio alguno en su aspecto.

Si desea modificar un hipervínculo sólo ha de hacer lo mismo que para crearlo. Obtendrá el mismo cuadro de diálogo, aunque también dispondrá del botón [Quitar vínculo] con el que podrá eliminarlo.

TEXTO OCULTO Y CARACTERES NO IMPRIMIBLES

El modo normal de trabajo de Word funciona sin mostrar el denominado **texto oculto** (si lo hay) en un texto. Sin embargo, el texto oculto puede verse en cualquier momento simplemente al pulsar el botón ¶ (**Mostrar todo**) que aparece en el grupo **Párrafo** de la ficha **Inicio** de la cinta de opciones.

Este botón no sólo muestra o esconde el texto oculto, sino también todos los caracteres no imprimibles de Word tal como el carácter de marca de párrafo (la tecla **INTRO**), que Word muestra cada vez que se pulsa esa tecla representando que en ese lugar se ha añadido la función retorno del carro y avance de línea (¶).

Es recomendable que antes de imprimir un texto revise el texto oculto, ya que éste puede imprimirse (se vea o no en pantalla), lo cual podría descolocar su texto. Un ejemplo: si usted tiene cinco páginas de texto normal y una página más intercalada con texto oculto, a la hora de imprimir obtendrá seis páginas en papel.

TRADUCIR

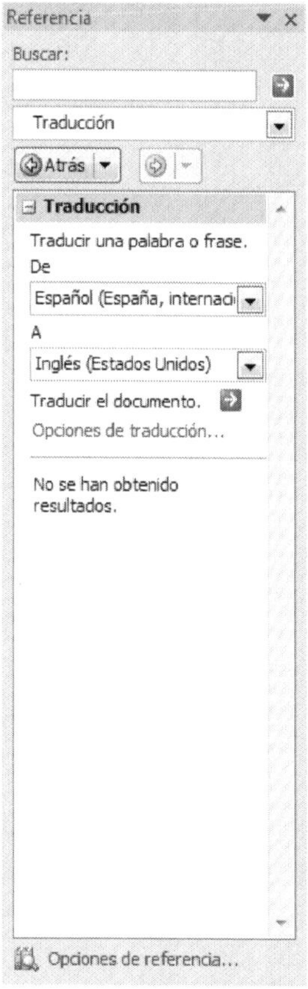

Word ofrece una función de traducción de términos y expresiones de un idioma a otro. Para activar esta función, acceda a la ficha **Revisar** y pulse el botón Traducir del grupo **Revisión**. Aparecerá el panel de tareas a la derecha de la ventana para que lo utilice tecleando la palabra que desee traducir.

Teclee la palabra en el cuadro **Buscar**, elija el idioma original en **De** y elija el idioma al que va a traducir en **A**. Al pulsar el botón , el sistema buscará la traducción y la mostrará en la lista inferior. También es posible **Traducir el documento** si no se escribe nada en **Buscar**, si bien la traducción se muestra en el navegador de Internet que tengamos instalado, debido a que la traducción se realiza en un sitio Web.

Tenga en cuenta que el sistema de traducción no reconoce contextos ni frases hechas por lo que su traducción puede resultar excesivamente literal en algunos casos.

BARRA DE HERRAMIENTAS DE ACCESO RÁPIDO

En la versión 2007 de los programas más representativos de Office (Word, Excel, Access y PowerPoint) no se dispone de barras de herramientas y, por descontado, no pueden personalizarse.

Sin embargo, aún queda una pequeña herencia de ello, se trata de la barra de herramientas de acceso rápido, que inicialmente aparece en la barra de título, junto al botón de Office.

Esta barra sí que puede personalizarse y llevarse a un sitio en el que su contenido pueda ser más amplio.

El botón que se encuentra en el extremo derecho de la barra despliega varias opciones útiles para trabajar con la barra:

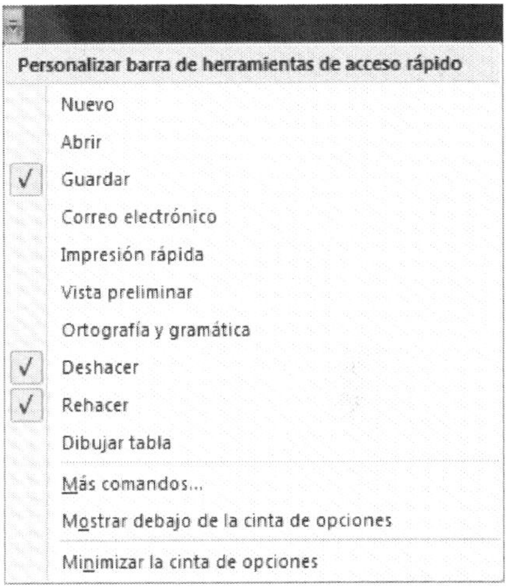

1. Las opciones del primer grupo que ofrece este menú permiten activar o desactivar ciertas funciones (las más comunes) del programa. Las que ya están marcadas representan aquellos botones que actualmente se ven en la barra. Éstos se pueden desactivar, igual que se pueden activar las otras.

2. La opción **Más comandos** permite agregar todo tipo de botones a la barra, ya sean funciones procedentes del programa o generados con macros.

3. La opción **Mostrar debajo de la cinta de opciones** sitúa la barra por debajo de dicha cinta. Resulta especialmente interesantes si piensa añadir una gran cantidad de botones a la barra ya que situada ahí ofrece más espacio para ello. Si se activa, esta opción cambia, mostrando el mensaje **Mostrar encima de la cinta de opciones** con la que podemos situarla en su lugar original.

4. Con **Minimizar la cinta de opciones** ocultamos todas las fichas de la cinta aunque al pulsar la tecla **ALT** y activar una, se vuelve a desplegar temporalmente. Resulta útil si se desea despejar lo máximo posible el área de trabajo.

Agregar y eliminar botones a la barra

Como veíamos hace un instante, desplegando el botón de la barra y seleccionando **Más comandos** se agregan o eliminan botones a la barra. El procedimiento para realizar el trabajo pasa por manipular el cuadro de diálogo que se ofrece cuando se activa esa opción:

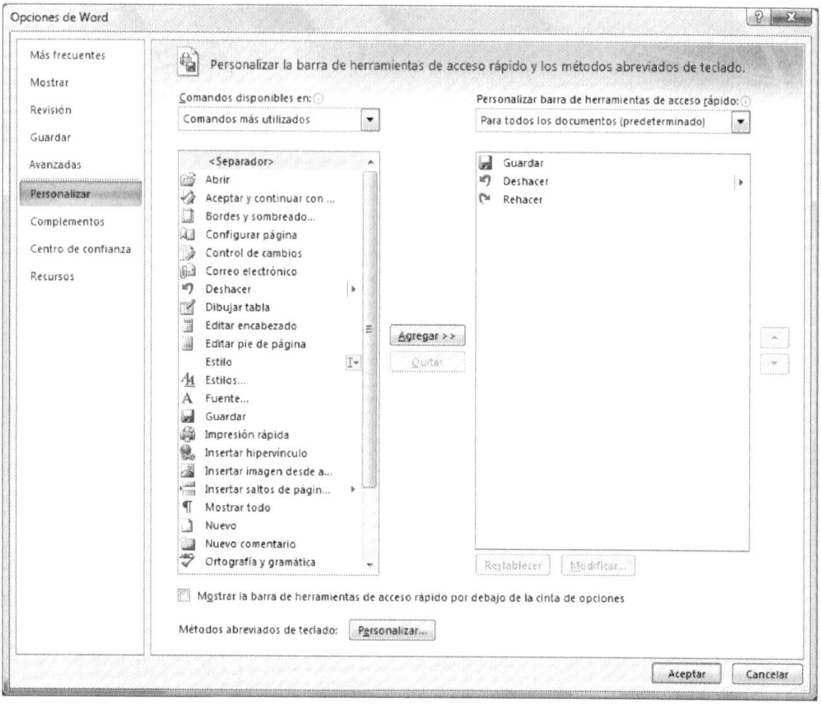

1. El primer paso consiste en desplegar la lista **Comandos disponibles en**, para seleccionar el origen en el que se encuentran las funciones que deseamos añadir a la barra (**Comandos más utilizados**, **Macros**, las opciones del Botón de Office –**Menú de Office**–, funciones de las fichas de la cinta de opciones, etc.). Esto rellena con funciones diferentes la lista que hay debajo.

2. En esa lista ocupada ahora con funciones del programa, macros u otros elementos, se selecciona uno y se pulsa el botón [Agregar >>], lo que lo sitúa en la barra de herramientas de acceso rápido, y lo añade también a la lista de la derecha.

3. Una vez ahí se puede seleccionar para recolocarlo en la barra mediante los botones [▲] y [▼] o para eliminarlo de la barra con el botón [Quitar].

4. También puede asegurarse de que la configuración que diseñe para su barra de herramientas esté disponible para cualquier documento, o bien, sólo para el documento actual. Para ello, despliegue la lista **Personalizar barra de herramientas de acceso rápido** situada en la parte superior derecha de la ventana y seleccione una de ambas opciones.

Si lo que añade a la barra es una macro, también dispondrá de los botones Restablecer (para anular los cambios que haga en el botón) y Modificar... (para elegir un símbolo a su macro cuya imagen será lo que se muestre en la barra). Con este último botón también podrá teclear un texto que se mostrará cuando el ratón se sitúe sobre el botón y permanezca ahí unos instantes.

PORTADAS

Se trata de una utilidad que añade una página al documento delante de la que hasta el momento era la primera. En ella y, a modo de título, podemos ver elementos de presentación del documento con un diseño atractivo y legible. De hecho dispondremos de varios modelos para elegir.

Para agregar una portada a nuestro documento, sólo hay que acceder a la ficha **Insertar** de la cinta de opciones y, en su grupo **Páginas**, pulsar el botón  para desplegar la lista de modelos de portada.

Una vez que la portada se encuentra en nuestro documento, podremos modificar su contenido haciendo clic en un elemento y cambiándolo, ya sea añadiendo, borrando o alterando los datos que aparezcan.

Si hace cambios en uno de los bloques de datos de la portada y le interesa conservarlo para aplicarlo a otro documento posteriormente, despliegue de nuevo el botón  y seleccione su opción **Guardar selección en una galería de portadas**. Se le ofrecerá un cuadro de diálogo para que dé nombre a la portada y establezca otros datos para ella como en qué **Galería** de Word desea almacenarlo (por ejemplo, en la propia galería de Portadas) y en qué plantilla o documento de texto desea hacerlo (con **Guardar en**; por ejemplo, sería interesante utilizar la opción **Normal.dotm** para que esté disponible en cualquier documento):

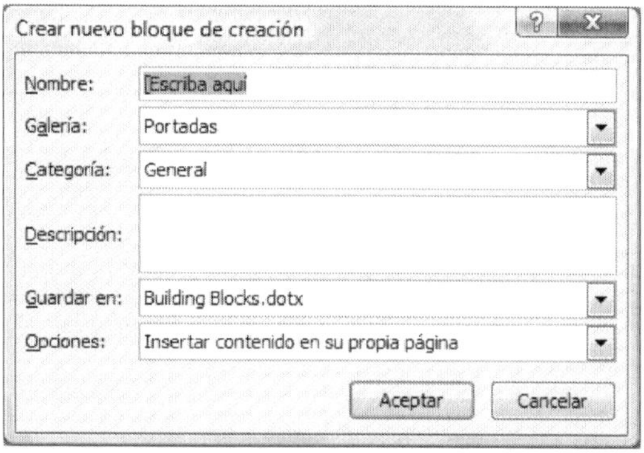

Si desea eliminar uno de estos bloques almacenado anteriormente, acceda a la galería en la que lo almacenó (por ejemplo, en la lista de **Portadas** si fue ahí) y utilice el botón derecho del ratón en él, seleccionando la opción **Organizar y eliminar** en el menú que obtenga. Aparecerá un cuadro de texto en el que podrá ver una muestra del bloque, ya seleccionado, y únicamente tendrá que pulsar el botón  para borrarlo.

En el mismo cuadro de diálogo, junto al botón Eliminar, se puede pulsar el botón Editar propiedades... para modificar los datos del cuadro de diálogo que se empleó para crear el bloque; por ejemplo, para cambiarlo de galería o de nombre.

Si necesita eliminar una portada de un documento, vuelva a desplegar el botón Portada y seleccione su opción **Quitar portada actual**.

FIRMAS DIGITALES

Una firma digital es una marca personal inequívoca que un usuario estampa en un documento pero, a diferencia de las firmas tradicionales, se incluye en un documento digital como, por ejemplo, un texto de Word o un documento PDF.

Las firmas digitales se suelen emplear para certificar la autenticidad e integridad de un documento, es decir, que el documento es genuino y que no ha sido alterado desde que se firmó digitalmente. Sin embargo, también pueden emplearse por motivos administrativos por ser necesarias como reconocimiento en un documento. Por ejemplo, un contrato, en el que se firma porque se acepta y se está de acuerdo con su contenido.

Una firma digital va siempre acompañada de un certificado digital, es decir, una información que legitima la firma, demostrando que su dueño es quien dice ser. Este certificado con validez legal no puede generarlo cualquiera, sino que es necesaria una organización autorizada para ello. Además, la validez de un certificado no se disfruta por tiempo indefinido, sino que tiene una caducidad que obliga a renovarlo a su propietario por motivos de seguridad. Normalmente en cada país existe alguna organización pública para este menester. Por ejemplo, en España genera los certificados la Real Casa de la Moneda y los distribuye el Ministerio de Hacienda a través de las oficinas de la Agencia Tributaria.

Sin embargo, existen distintos programas informáticos capaces de generar certificados privados que carecen de validez legal pero que constituyen un excelente medio de protección de la información a nivel particular. Entre estos programas se encuentra Microsoft Word.

Para firmar un documento de Word digitalmente, se despliega el botón de Office y se selecciona la opción **Preparar**, que ofrece un submenú en el que se selecciona la opción **Agregar una firma digital**. Aparecerá entonces un primer cuadro informativo que invita a crear un certificado digital y que avisa de que su legalidad puede variar (como cualquiera) para los distintos países. Si no desea que este cuadro aparezca la próxima vez que vaya a añadir una firma a un documento, desactive la casilla **No volver a mostrar este mensaje** y pulse el botón Aceptar.

El siguiente cuadro de diálogo es el que realmente inicia el proceso de agregado de la firma:

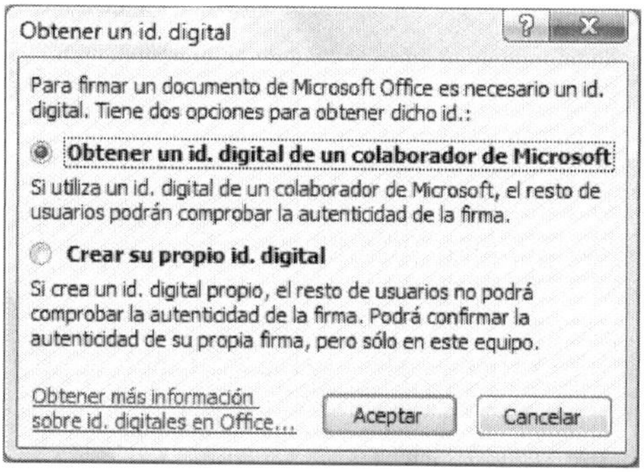

El botón **Obtener un id. Digital de un colaborador de Microsoft** lleva al navegador de Internet para adquirir un certificado mediante su correspondiente pago. Si dispone de un certificado digital o desea crear uno particular (carente de validez legal), active, en su lugar, el botón **Crear su propio id. Digital**.

Nosotros seguiremos el proceso a partir de este segundo botón. Al pulsar Aceptar se accede al siguiente cuadro de diálogo:

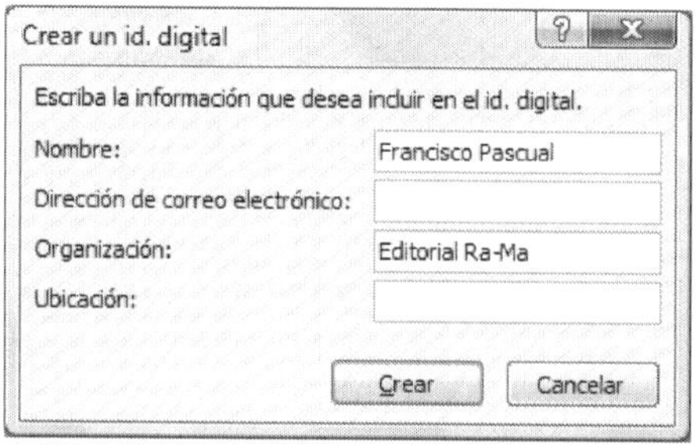

En él se escriben los datos necesarios para el certificado y se pulsa el botón Crear.

En el siguiente paso se indica el motivo por el que se firma el documento:

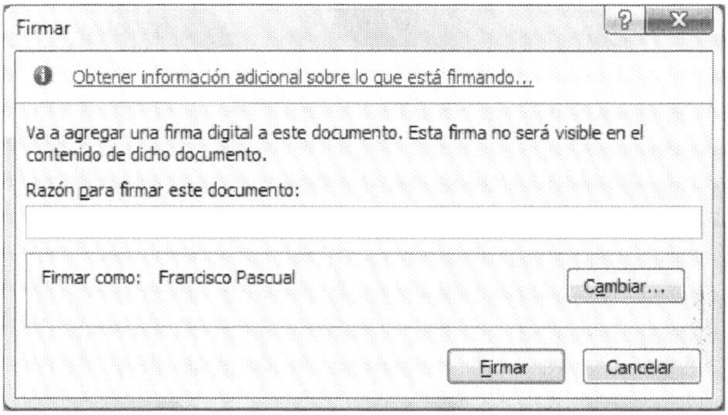

Con el botón Cambiar... se puede elegir otro certificado para firmar el documento.

Se pulsa en el botón Firmar y se obtiene un aviso que informa acerca de si la firma se ha agregado correctamente o no.

Cuando la firma está agregada, aparece el panel de tareas con el certificado de firma. Podemos llevar el ratón hasta él y desplegarlo para quitar la firma del documento o ver sus detalles.

No es necesario guardar el documento para que la firma quede registrada en el documento. Hay que tener en cuenta que cualquier cambio en su contenido invalidará la firma.

EJERCICIOS

I) Creación de un encabezado

1. Abra un texto en Word.

2. Si el texto que tiene no es mayor que una página, escriba más hasta sobrepasarla (así podrá ver que el encabezado se repite automáticamente en cada página de texto).

3. En el grupo **Encabezado y pie de página** de la ficha **Insertar** en la cinta de opciones despliegue el botón  y seleccione la opción **Editar encabezado**.

4. Una vez que aparezca el recuadro para escribir el encabezado deberá conseguir que éste conste de varios elementos de izquierda a derecha (utilizando las tabulaciones que el encabezado ya ofrece):

    - Número de página.
    - Nombre del autor.
    - Mensaje de texto.

II) Búsqueda y reemplazo

1. Abra un texto en Word.

2. Utilizando las funciones de búsqueda y reemplazo, vaya cambiando, una por una (con el botón ), la palabra "que" en todo el documento sustituyéndola por "ke".

3. Cuando termine, vuelva a utilizar la función de búsqueda para realizar la operación inversa (cambiar "ke" por "que") automáticamente utilizando el botón  .

III) Notas a pie de página

1. Abra un texto escrito en Word.

2. Sitúe el cursor al final de una palabra que desee explicar en la nota a pie de página.

3. Acceda a la ficha **Referencias** de la cinta de opciones y, en el grupo **Notas al pie**, pulse el botón **Insertar nota al pie**.

4. Word le llevará a la parte inferior de la página quedando dispuesto para que escriba la aclaración.

5. Repita este ejercicio en otros párrafos de textos distintos.

IV) Numeración de páginas

1. Abra un texto que contenga varias páginas.

2. Acceda al grupo **Encabezado y pie de página** de la ficha **Insertar** en la cinta de opciones y despliegue el botón 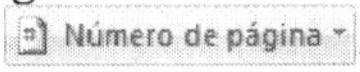

.

3. Active las diferentes opciones de numeración, hasta que encuentre la que mejor se adapte a su documento.

4. Cuando termine, guarde el documento con los cambios.

V) Insertar cabecera y fecha en una carta

1. Pulse el botón para alinear a la derecha .

2. Acceda al grupo **Texto** de la ficha **Insertar** en la cinta de opciones y utilice el botón 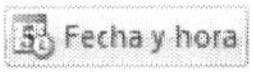

para agregar la fecha.

3. En el cuadro de diálogo que aparezca elija el formato de fecha que desee y pulse 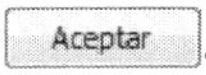

.

4. Pulse **INTRO** para pasar a la línea siguiente y, en ella, pulse el botón para justificar el texto a partir de esa línea.

5. En el grupo **Párrafo** de la ficha **Inicio** en la cinta de opciones, pulse el botón . En el cuadro de diálogo que obtenga asigne un **Espaciado Anterior** de **50** puntos.

6. Cuando vuelva al texto pulse el tabulador y escriba una línea de saludo (por ejemplo, *Apreciado Sr.*).

7. Al pulsar **INTRO** para comenzar la carta, el nuevo párrafo estará separado del anterior por 50 puntos. Para reducirlos, vuelva a pulsar el botón del grupo **Párrafo** en la ficha **Inicio** de la cinta de opciones. En el cuadro de diálogo que obtenga asigne un **Espaciado Anterior** de unos **12** puntos.

8. El resto de la carta la puede diseñar a su gusto.

VI) Barra de herramientas de acceso rápido

En este ejercicio vamos a añadir el botón **Abrir** a la barra de herramientas de acceso rápido y a colocarlo junto al de **Guardar**.

1. Despliegue el botón en la barra de herramientas de acceso rápido y seleccione la opción **Más comandos** (podríamos seleccionar directamente **Abrir** para que el botón se añada, pero si elegimos **Más comandos** podremos recolocar el botón, como es nuestra intención).

2. En el cuadro de diálogo que obtenga, podrá encontrar la opción Abrir. Selecciónela y pulse el botón Agregar >>. Podrá ver como el botón en cuestión se añade a la lista de la derecha.

3. Utilice el botón para recolocarlo en la barra. Sitúelo por debajo del botón de **Guardar**, de modo que aparecerán juntos en la barra.

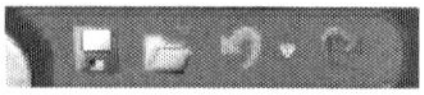

VII) Portada

1. Abra el documento que guardó en el segundo ejercicio del primer capítulo.

2. Acceda a la ficha **Insertar** de la cinta de opciones y, en el grupo **Páginas**, despliegue el botón Portada.

3. Seleccione una portada que le guste.

4. Asegúrese de que en la portada aparece su nombre precedido del símbolo ©. Recuerde que puede generar este símbolo en el texto desplegando el botón Ω Símbolo del grupo **Símbolos** en la ficha **Insertar** de la cinta de opciones.

Este símbolo en concreto puede obtenerlo tecleando una letra *C* entre paréntesis (c), ya que el sistema de autocorrección se encargará de transformarla en el símbolo en cuestión.

5. Guarde el documento resultante.

VIII) Firma digital

1. Abra el documento del ejercicio anterior.

2. Despliegue el botón de Office, seleccione la opción **Preparar** y, en el submenú que ofrece, active la opción **Agregar una firma digital**.

3. Añada una firma y cuando se le solicite, establezca sus datos personales.

CAPÍTULO 6

IMÁGENES Y OTROS ELEMENTOS GRÁFICOS

AÑADIR IMÁGENES

Word permite añadir imágenes al texto de varios modos, todos ellos accesibles desde el grupo **Ilustraciones** de la ficha **Insertar**.

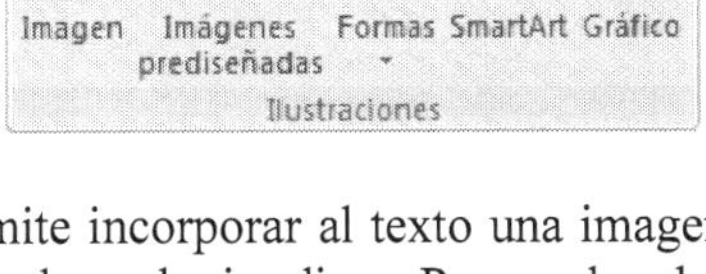

1. **Imagen**. Permite incorporar al texto una imagen que esté almacenada en una carpeta de cualquier disco. Para poder elegir la imagen se ofrece el clásico cuadro de diálogo para abrir documentos.

2. **Imágenes prediseñadas**. Abre el panel de tareas en el que se puede seleccionar una imagen de muestra.

En el cuadro de texto **Buscar** se teclea una palabra que represente la imagen que se necesita y se pulsa [Buscar]. Por ejemplo, si se necesita la imagen de un árbol podremos teclear *árboles* y comenzar la búsqueda. En el panel obtendremos un listado de imágenes de árboles (si se está conectado a Internet la lista será mayor puesto que también se mostrarán imágenes existentes en el sitio Web de Microsoft).

Al pasar el ratón sobre una de las imágenes de muestra aparece a su derecha un botón que permite desplegar un menú de opciones con el que podremos, entre otras cosas, **Insertar** la imagen en el texto.

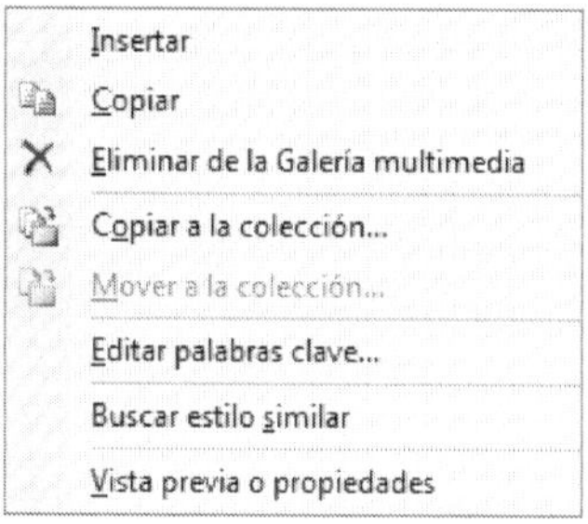

EDITAR IMÁGENES

Siempre que se incorpora una imagen a un documento (que no haya sido dibujada con el propio programa, como Word), puede modificarse hasta cierto punto. Gracias al sistema de edición podremos modificar características de la imagen como el brillo o el contraste.

Cuando se selecciona una imagen de este tipo –haciendo clic en ella–, aparecen automáticamente a su alrededor, en las esquinas y los laterales, ocho puntos manejadores con los que podemos cambiar el tamaño de la imagen. Así, arrastrando uno hacia fuera de la imagen, ésta se ampliará y viceversa.

En realidad aparece un manejador más de color verde en la parte superior que permite girar la imagen haciendo clic en él y arrastrando en una dirección.

También aparecerá una nueva ficha en la cinta de opciones, **Formato**:

Su función es que se pueda configurar la imagen para que se muestre en el documento con el aspecto que deseemos:

1. En el grupo **Ajustar** disponemos de las siguientes funciones:

- El botón 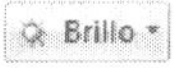 se emplea para modificar la cantidad de luz de la imagen. Este botón despliega una lista de opciones para elegir el nivel de luz.

- El botón 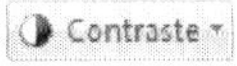 se emplea para modificar el nivel de diferencia entre colores claros y oscuros.

- El botón 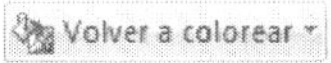 ofrece una lista de coloraciones que pueden aplicarse a la imagen. Así podemos volver cualquier imagen del documento azulada, verdosa, rojiza, escala de grises, sepia, etc.

- El botón  lleva a un cuadro de diálogo en el que se puede establecer si la imagen se guardará comprimida en el documento (ocupando menos espacio en el disco) o no. Se puede aplicar a todas las imágenes del documento (dejando desactivada la casilla **Aplicar sólo a las imágenes seleccionadas**) y establecer su nivel de compresión (mediante el botón 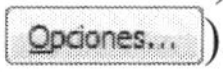). Tenga presente que, a cambio de reducir el tamaño del archivo, suele haber también una pérdida de calidad que será proporcional al nivel de compresión.

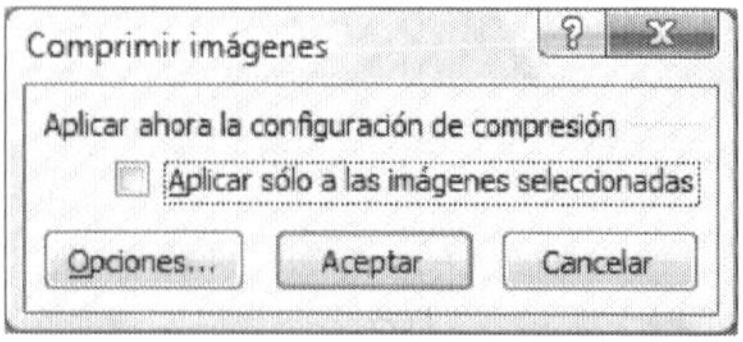

- El botón Cambiar imagen se emplea para cambiar la imagen por otra que deberá elegirse en ese momento. La nueva imagen se coloca en el documento con su tamaño original (no se adapta al tamaño de la imagen que se sustituye).

- El botón Restablecer imagen restaura el tamaño y características originales de la imagen. Suele utilizarse si se ha cambiado tanto la imagen que es preferible rectificar comenzando de nuevo que cambiando las funciones manualmente.

2. El grupo **Estilos de imagen** ofrece varios efectos de cambio de forma para la imagen. Se puede optar por elegir entre los estilos ya diseñados o se puede construir uno propio.

- Para elegir uno de los estilos ya diseñados se lleva el ratón hasta uno de la lista (que se puede desplegar para ver más) y se hace clic en él:

- El botón Forma de la imagen se emplea para que la imagen esté contenida en una figura no necesariamente rectangular. Al pulsar el botón, se despliega y ofrece varias formas en las que se alojará la imagen si se hace clic en una.

- El botón Contorno de imagen se emplea para elegir el color, grosor y tipo de línea que bordea la imagen. Al pulsar el botón, se despliega y ofrece los colores y las opciones necesarias. Entre ellas, también disponemos de la función **Sin contorno** que elimina el borde de la imagen.

- El botón Efectos de la imagen se emplea para aplicar a la imagen diferentes aspectos de borde, sombra, giro tridimensional, etc.

3. El grupo **Organizar** proporciona funciones de colocación para la imagen:

   - Con los botones **Posición** y Ajuste del texto podemos establecer cómo se distribuirá el texto alrededor de la imagen y cómo se situará ésta en la página.

     a) **En línea con el texto** permite emplear la imagen como si se tratase de una letra más del renglón.

     b) **Cuadrado**. Ajusta el texto alrededor del recuadro que contiene la imagen. Este cuadro no muestra borde alguno, a menos que se lo asignemos nosotros.

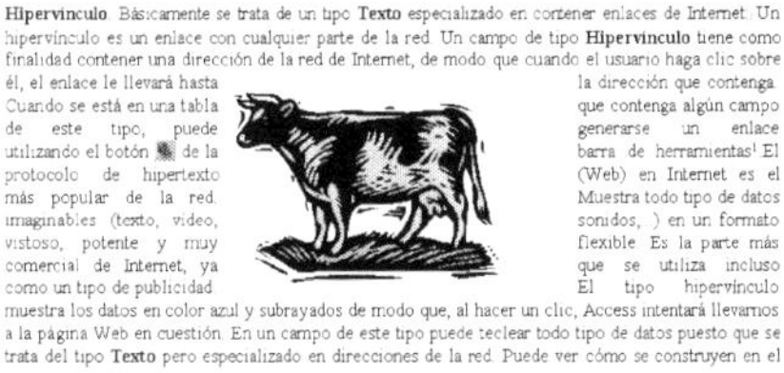

Hipervínculo. Básicamente se trata de un tipo **Texto** especializado en contener enlaces de Internet. Un
hipervínculo es un enlace con cualquier parte de la red. Un campo de tipo **Hipervínculo** tiene como
finalidad contener una dirección de la red de Internet, de modo que cuando el usuario haga clic sobre
él, el enlace le llevará hasta la dirección que contenga.
Cuando se está en una tabla que contenga algún campo
de este tipo, puede generarse un enlace
utilizando el botón de la barra de herramientas[1] El
protocolo de hipertexto (Web) en Internet es el
más popular de la red. Muestra todo tipo de datos
imaginables (texto, vídeo, sonidos, ...) en un formato
vistoso, potente y muy flexible. Es la parte más
comercial de Internet, ya que se utiliza incluso
como un tipo de publicidad. El tipo hipervínculo
muestra los datos en color azul y subrayados de modo que, al hacer un clic, Access intentará llevarnos
a la página Web en cuestión. En un campo de este tipo puede teclear todo tipo de datos puesto que se
trata del tipo **Texto** pero especializado en direcciones de la red. Puede ver cómo se construyen en el

     c) **Estrecho**. Ajusta el texto alrededor del contorno de la imagen. Esta función pierde su utilidad si hemos colocado un borde alrededor de la imagen.

Hipervínculo. Básicamente se trata de un tipo **Texto** especializado en contener enlaces de Internet. Un
hipervínculo es un enlace con cualquier parte de la red. Un campo de tipo **Hipervínculo** tiene como
finalidad contener una dirección de la red de Internet, de modo que cuando el usuario haga clic sobre
él, el enlace le llevará hasta la dirección que contenga. Cuando se está en una
tabla que contenga algún campo de este tipo, puede generarse
un enlace utilizando el botón de la barra de herramientas[1] El
protocolo de hipertexto (Web) en Internet es el más
popular de la red. Muestra todo tipo de datos imaginables (texto, vídeo,
sonidos, ...) en un formato vistoso, potente y muy flexible. Es la
parte más comercial de Internet, ya que se utiliza incluso como un
tipo de publicidad. El tipo hipervínculo muestra los datos
en color azul y subrayados de modo que, al hacer un clic
Access intentará llevarnos a la página Web en cuestión. En un
campo de este tipo puede teclear todo tipo de datos puesto que se trata del tipo **Texto** pero
especializado en direcciones de la red. Puede ver cómo se construyen en el apartado ***Direcciones de
Internet*** del capítulo 35: ***Nociones básicas sobre Internet*** (sobre todo en ***Direcciones para hipertexto***,

     d) **Detrás del texto**. Sitúa la imagen de modo que el texto parezca estar sobre ella.

Hipervínculo. Básicamente se trata de un tipo **Texto** especializado en contener enlaces de Internet. Un
hipervínculo es un enlace con cualquier parte de la red. Un campo de tipo **Hipervínculo** tiene como
finalidad contener una dirección de la red de Internet, de modo que cuando el usuario haga clic sobre
él, el enlace le llevará hasta la dirección que contenga. Cuando se está en una tabla que contenga algún
campo de este tipo, puede generarse un enlace utilizando el botón de la barra de herramientas[1] El
protocolo de hipertexto (Web) en Internet es el más popular de la red. Muestra todo tipo de datos
imaginables (texto, vídeo, sonidos, ...) en un formato vistoso, potente y muy flexible. Es la parte más
comercial de Internet, ya que se utiliza incluso como un tipo de publicidad. El tipo hipervínculo
muestra los datos en color azul y subrayados de modo que, al hacer un clic, Access intentará llevarnos
a la página Web en cuestión. En un campo de este tipo puede teclear todo tipo de datos puesto que se
trata del tipo **Texto** pero especializado en direcciones de la red. Puede ver cómo se construyen en el
apartado ***Direcciones de Internet*** del capítulo 35: ***Nociones básicas sobre Internet*** (sobre todo en
Direcciones para hipertexto, ya que éstas son las que funcionan correctamente para el tipo

e) **Delante del texto**. Sitúa la imagen de modo que parezca estar sobre el texto.

f) **Arriba y abajo**. La imagen sólo puede tener texto por encima y por debajo.

g) **Transparente**. Es similar a **Estrecho**, pero el texto también se ajusta al contorno de aquellas partes externas de la imagen que aparezcan abiertas:

h) **Modificar puntos de ajuste**. Permite cambiar los puntos por los que se rige Word para ajustar el texto.

Antes del cambio

Después de cambiar los puntos a la izquierda de la vaca

i) **Más opciones de diseño** lleva a un cuadro de diálogo con el que podemos establecer la posición de la imagen en la página. Se establece la posición **Horizontal** y **Vertical** de forma absoluta (en posiciones medidas en centímetros) o basada en márgenes, líneas, columnas, etc.

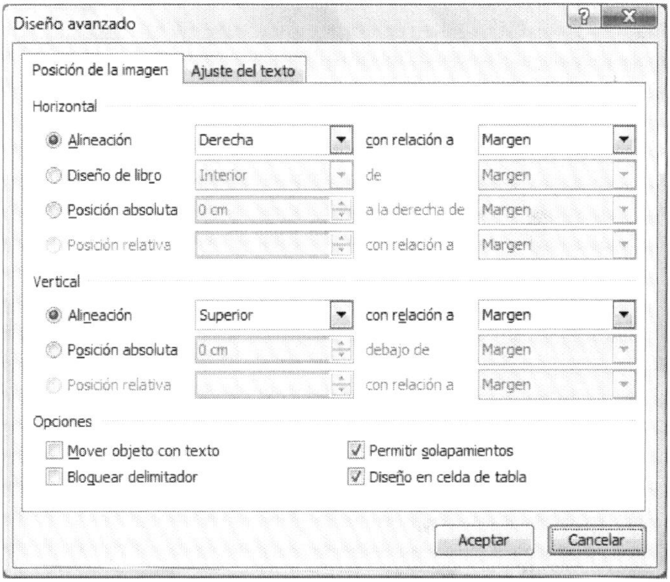

- El botón 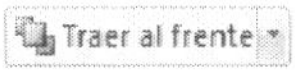 sitúa la imagen por delante de las otras (como colocar una carta por delante de la baraja o de otras cartas).

- El botón 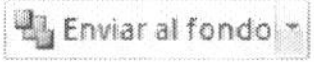 sitúa la imagen por detrás de las otras (como colocar una carta por detrás de la baraja o de otras cartas).

- El botón  (**Alinear**) permite colocar la imagen a la misma altura que otras o que los márgenes de la página. Este botón se despliega para ofrecer todas sus posibilidades.

- El botón  (**Agrupar**) reúne varios objetos para tratarlos como uno sólo. También permite realizar la operación inversa, es decir, separar varios objetos que estaban agrupados (**Desagrupar**). Ninguna de ellas funciona con imágenes normales, pero sí lo hace con figuras dibujadas con el propio programa.

- El botón (**Girar**) permite rotar una imagen 90º en una dirección. También permite reflejarla horizontal y verticalmente.

4. El grupo **Tamaño** permite cambiar las dimensiones de la imagen:

- El botón **Recortar** permite eliminar zonas de la parte exterior de la imagen. Cuando se activa, los puntos manejadores cambian de aspecto y, al ser arrastrados hacia el interior de la imagen, se va recortando esa zona. Se puede arrastrar hacia fuera para recuperar la zona recortada.

- Los cuadros de texto **Alto de forma** y **Ancho de forma** permiten teclear un tamaño vertical y horizontal para la imagen, respectivamente. Cambiando uno de ellos, el otro se modifica igualmente para mantener las proporciones. Cuando se teclea un nuevo valor hay que pulsar **INTRO** para fijarlo.

En el grupo **Tamaño** podemos pulsar el botón para acceder a un cuadro de diálogo en el que se pueden establecer los tamaños de un modo más completo, incluyendo porcentajes:

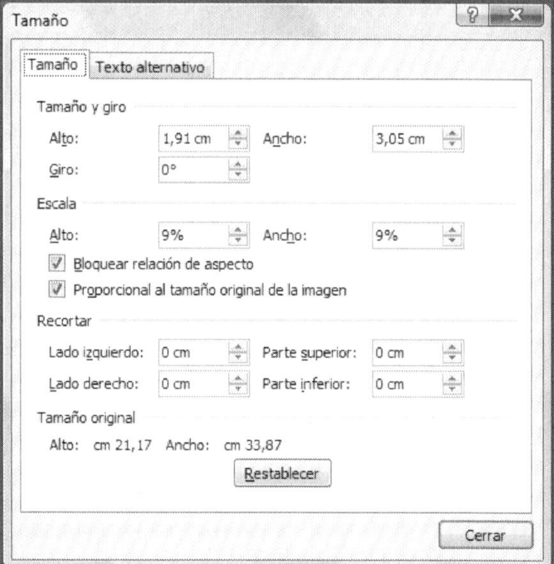

Haciendo clic con el botón derecho del ratón en una imagen aparece un menú entre cuyas opciones se encuentra **Formato de imagen**. Esta opción lleva a un cuadro de diálogo que clasifica las opciones que hemos ido detallando a lo largo de este apartado por categorías.

No olvide que, una vez seleccionada una imagen haciendo clic en ella, se puede eliminar pulsando la tecla **SUPR**.

DIBUJAR

Para crear una imagen nueva con Word se accede a la ficha **Insertar** y, en el grupo **Ilustraciones**, se despliega el botón **Formas**. Esto genera una lista de figuras (puede verla en la figura junto al margen) en la que sólo hay que elegir una y luego trazarla en la página.

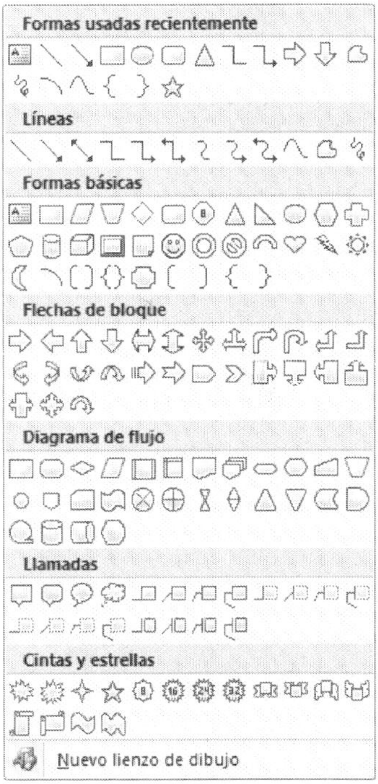

Para realizar el trazado se hace clic y se arrastra, generalmente en diagonal, hasta el extremo opuesto, dando así forma y tamaño a la figura. Cuando se suelta el botón del ratón, se dispone de una figura preparada para que se le aplique alguna función de aspecto que le dé una presencia atractiva.

Cuando se dibuja una de las figuras, se obtiene una nueva ficha en la cinta de opciones para mejorar su aspecto: **Formato**. Ofrece varios grupos de elementos que permiten cambiar la figura por otra, elegir un estilo ya prediseñado, asignar un estilo propio, aplicar efectos de sombra, de tres dimensiones y cambiar posición y tamaño del objeto.

Algunas figuras de la lista anterior son especiales. Por ejemplo, la figura **Forma libre** del grupo de **Líneas** no se dibuja como las demás, sino que se hacen varios clics para definir los vértices de la figura, o bien, se hace un clic y se arrastra dejando rastro como un lápiz. Además se debe terminar en el mismo punto en el que se empezó para cerrar la figura, o bien doble clic en cualquier punto para terminarla sin cerrar.

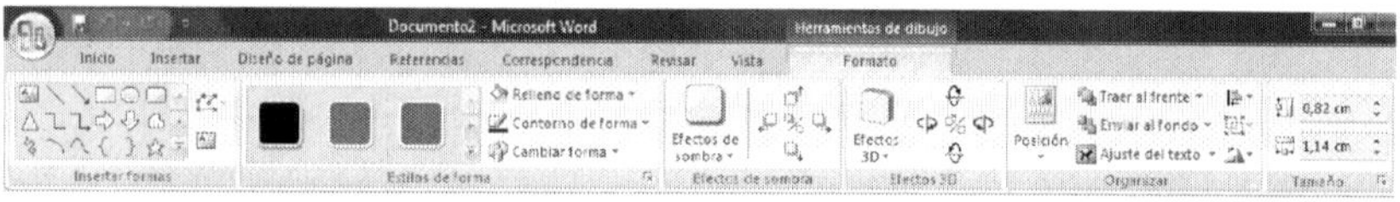

1. El grupo **Insertar formas** permite añadir más figuras al documento. Tenga en cuenta que diseñando varias figuras puede generar otras más complejas. Por ejemplo, si se dibujan un círculo y un rectángulo por separado son sólo figuras aisladas, pero si se dibujan conjuntamente se puede diseñar una figura más compleja como una señal de dirección prohibida. También contiene otros dos botones:

   - El botón (**Editar forma**) permite retocar el perfil de una figura que previamente se haya seleccionado haciendo clic en ella. No se puede utilizar esta función con cualquier figura. Por ejemplo, podemos hacerlo si dibujamos una figura de tipo **Forma libre**.

   - El botón (**Modificar texto**) permite añadir texto a una figura que previamente se haya seleccionado haciendo clic en ella. Al activar el botón aparece el cursor dentro del perímetro de la figura y sólo hay que teclear el texto al que, por otra parte, se le pueden aplicar la mayor parte de las funciones que hemos visto (alineación, fuentes, etc.).

2. El grupo **Estilos de forma** contiene varios diseños ya definidos para nuestras figuras y elementos para que construyamos los nuestros propios.

- Si se trata de elegir uno ya diseñado, sólo hay que desplegar su lista y hacer clic en el que se desee.

- Con el botón 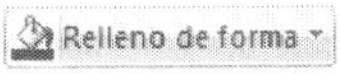

se aplica un tipo de efecto de fondo a la figura, es decir, un tipo de relleno. Podremos elegir entre un único color, un **Degradado** entre dos colores, una **Textura**, una **Trama** (también entre dos colores) o una **Imagen**.

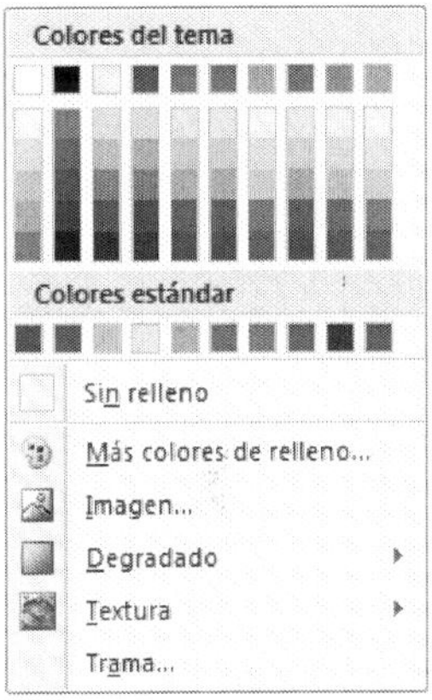

Para aplicar un color sólo hay que elegir uno en la lista (o la opción **Más colores de relleno**, que ofrece una paleta más amplia). También podemos elegir **Sin relleno** para dejar hueca la figura (aunque a partir de entonces sólo se podrá seleccionar la figura haciendo clic en su borde puesto que su relleno ya no existirá).

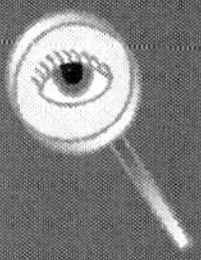

1. Un **degradado** es un relleno que oscila entre dos colores y sus variantes. 
2. Una **textura** es un relleno que pretende dar la sensación de que una figura está fabricada con un determinado material. 
3. Una **trama** es un relleno construido con líneas, recuadros y otros elementos similares. 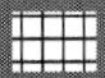

Si seleccionamos **Trama**, aparece un cuadro de diálogo con el que tenemos acceso a una ficha que permite construir un **Degradado** muy completo, incluso con transparencia en alguno de sus extremos.

3. El grupo **Efectos de sombra** contiene elementos para simular que la figura proyecta sombra sobre el papel.

   - El botón **Efectos de sombra** es desplegable y ofrece diferentes variedades de sombra: paralela, en perspectiva y especiales. También ofrece la opción **Color de sombra** para que seleccionemos aquel que tendrá el sombreado (que también ofrece la posibilidad de **Sombra semitransparente**).

   - El resto de botones del grupo permite establecer la distancia de proyección de la sombra, junto con un botón central con el que se puede activar y desactivar el efecto de sombra.

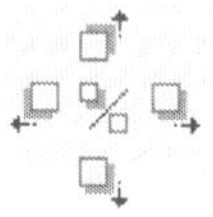

4. El grupo **Efectos 3D** contiene elementos para aplicar efecto de volumen a la figura, como si se tratase de un objeto tridimensional.

   - El botón **Efectos 3D** es desplegable y ofrece diferentes variedades de efecto tridimensional: paralelo, en perspectiva y girado en perspectiva. Además, en la parte inferior ofrece varias opciones para configurar el efecto:

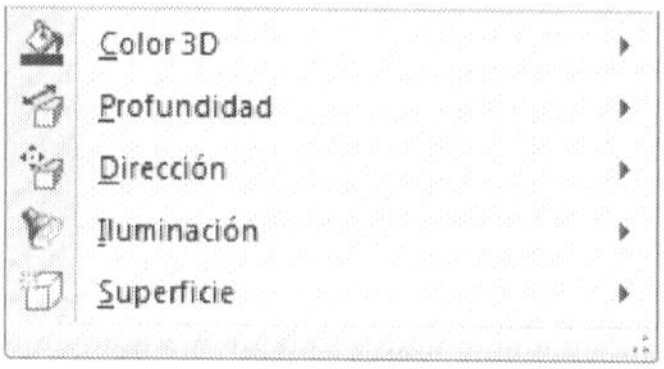

     a) **Color 3D** permite seleccionar el color del volumen de la figura.

     b) **Profundidad** permite asignar un mayor o menor volumen.

     c) **Dirección** permite indicar el ángulo desde el que se aprecia el efecto de volumen.

     d) **Iluminación** permite establecer desde dónde recibe luz la figura.

     e) **Superficie** permite simular el material con el que está construida la figura e incluso eliminar su relleno, dejando únicamente su estructura.

   - El resto de botones del grupo permite girar la figura, junto con un botón central con el que se puede activar y desactivar el efecto 3D.

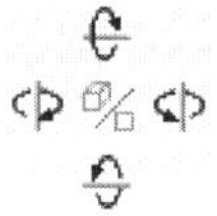

5. Los grupos **Organizar** y **Tamaño** funcionan de forma idéntica al modo descrito para las imágenes en el anterior apartado *Editar imágenes*, por lo que si desea recordar su manejo, le sugerimos que lo repase ahí.

Seleccionar figuras

Para seleccionar figuras dibujadas, sólo hay que hacer clic en ellas. Es fácil reconocer cuándo una figura está seleccionada porque aparecen a su alrededor, en los vértices y laterales, los ocho puntos manejadores que habitualmente usamos para cambiar el tamaño de la figura.

Algunos detalles más:

1. Si se trata de seleccionar varias figuras se hace clic en la primera y, con la tecla de **MAYÚSCULAS** pulsada, otro clic en cada figura que se desea seleccionar.

2. Si ha seleccionado figuras de más, puede deseleccionar una manteniendo pulsada la misma tecla de **MAYÚSCULAS** y haciendo clic de nuevo en ella.

3. Otro modo de seleccionar varias figuras consiste en hacer clic con el ratón por fuera de todas ellas y, sin soltar el botón, arrastrar hasta englobar todas las figuras que se desean seleccionar. Si dentro del grupo seleccionado hay una figura que no debe estar seleccionada, se puede aplicar el paso anterior.

Para borrar una figura basta con seleccionarla, según acabamos de ver y, a continuación, pulsar la tecla **SUPR** del teclado.

Mover figuras

Para mover un objeto a través del texto con el fin de colocarlo en otra parte, se hace clic en él y, sin soltar el botón del ratón, se arrastra. Para depositarlo, libere el botón del ratón, con lo que el objeto queda situado en ese punto. Si hay texto a su alrededor, éste se redistribuirá según le afecte la nueva posición de la imagen.

DIAGRAMAS *SMARTART*

Otra herramienta gráfica disponible es la de creación de diagramas. Para crearlos acceda a la ficha **Insertar** y, en el grupo **Ilustraciones**, pulse el botón **SmartArt**. Obtendrá el cuadro de diálogo siguiente:

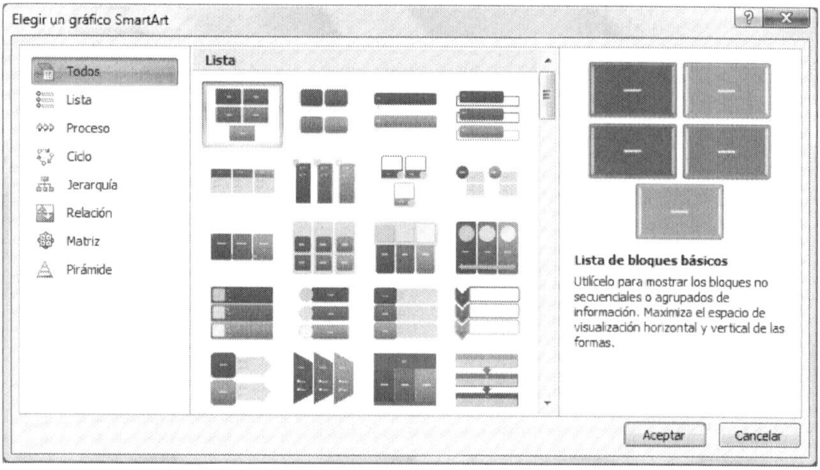

El cuadro muestra los distintos tipos de diagramas que es capaz de generar clasificados por categorías (**Lista**, **Proceso**, **Ciclo**, etc.). Cada una ofrece una **Lista** de diagramas a su derecha de entre los que debemos elegir uno haciendo clic en él.

Cuando se pulsa Aceptar Word crea el diagrama en un recuadro que lo contendrá, aunque al no estar aún terminado, esperará a que tecleemos los datos adecuados:

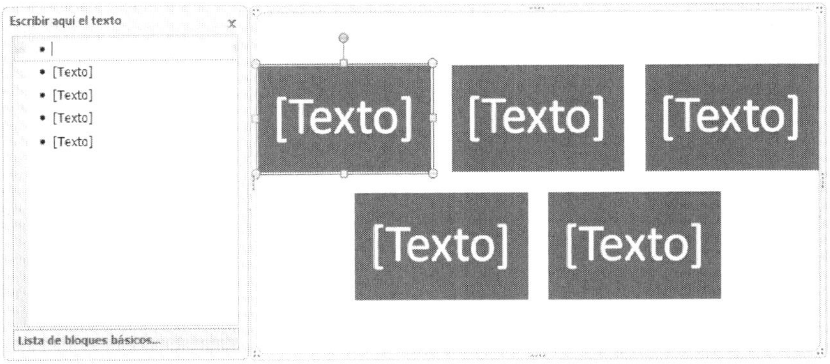

En el panel de texto (a la izquierda) podrá teclear los mensajes de texto que deban aparecer en los bloques del diagrama. Éste aparece rodeado de una línea azul doble que contiene los puntos manejadores habituales para cambiar el tamaño a las figuras.

Esos manejadores también aparecen en cada bloque para poder cambiar su tamaño, e incluso girarlo con el controlador superior de color verde.

También se obtienen dos nuevas ficha en la cinta de opciones, **Diseño** y **Formato**, que contienen elementos para configurar el diagrama. Empecemos por la de **Diseño**:

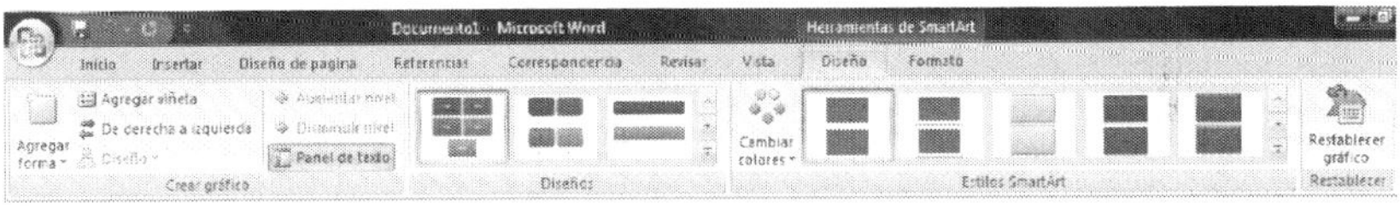

1. Los elementos del grupo **Crear gráfico** permiten modificar las características básicas del diagrama:

   - El botón **Agregar forma** se emplea para añadir más elementos al diagrama del tipo que contenga (cuadros, círculos, etc.).

   - El botón  se emplea para añadir viñetas a uno de los elementos de texto del diagrama.

   - El botón 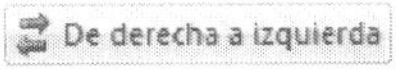 se emplea para cambiar la dirección de los elementos del gráfico (como, por ejemplo, flechas que contenga).

- Los botones Aumentar nivel y Disminuir nivel se emplean para sangrar las viñetas del diagrama en mayor o menor medida.

- El panel en el que se teclea el texto se puede activar o desactivar mediante el botón Panel de texto.

2. Los elementos del grupo **Diseños permiten** elegir un aspecto genérico diferente para todo el diagrama:

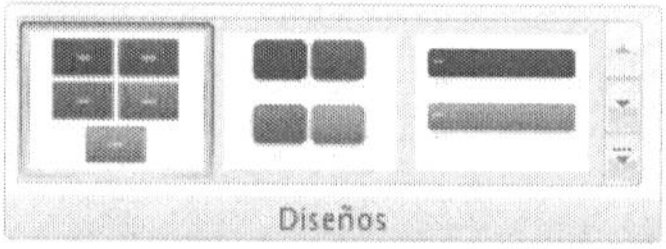

3. Los elementos del grupo **Estilos SmartArt** permiten elegir un aspecto genérico para los bloques del diagrama o pulsar el botón **Cambiar colores** para seleccionar aquellos que deseemos.

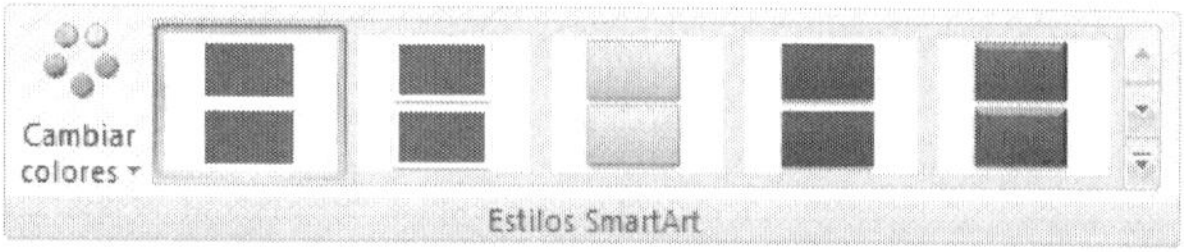

4. El grupo **Restablecer** contiene el botón **Restablecer gráfico** con el que se restaura el aspecto y características originales del diagrama.

La ficha **Formato** ofrece este aspecto:

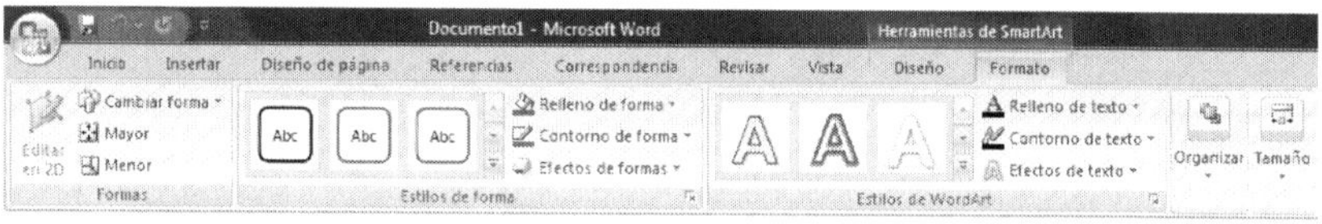

1. El grupo **Formas** contiene funciones para modificar los bloques del diagrama:

- El botón **Editar en 2D** cambia el bloque para que muestre un aspecto bidimensional o tridimensional. Esta función no está disponible para todos los tipos de bloque.

- El botón [Cambiar forma] se emplea para cambiar el tipo de objeto del bloque que se haya seleccionado. Este botón despliega una lista muy variada de figuras que podemos elegir para cambiar la forma de la actual por una de ellas.

- Los botones [Mayor] y [Menor] permiten, respectivamente, ampliar o reducir el tamaño del bloque o bloques que se hayan seleccionado previamente.

2. Los grupos **Estilos de forma** y **Estilos de WordArt** contiene estilos ya diseñados y funciones para que diseñemos los nuestros propios para los bloques y el texto, respectivamente. Las funciones son las mismas y sólo se diferencian en que unas se aplican al bloque del diagrama que esté seleccionado o a su texto.

   - Para elegir uno de los estilos ya diseñados sólo hay que desplegar la lista y hacer clic en él:

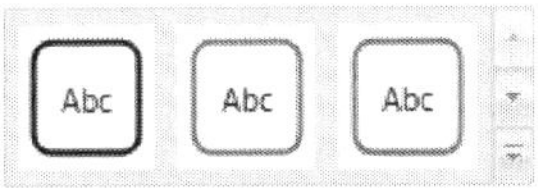

De forma

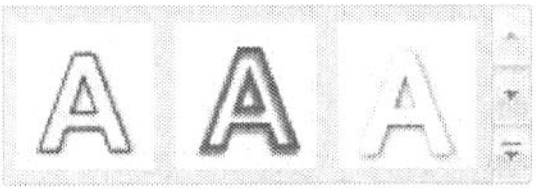

De WordArt

   - Con los botones [Relleno de forma] y [Relleno de texto] se establecc el efecto de relleno del bloque seleccionado o de su texto, respectivamente. Funcionan del mismo modo que hemos detallado para las figuras en el apartado *Dibujar*.

   - Con los botones [Contorno de forma] y [Contorno de texto] se establece el tipo de borde del bloque o de su texto, respectivamente. Funcionan del mismo modo que hemos detallado para las figuras en el apartado *Dibujar*.

   - Con los botones [Efectos de formas] y [Efectos de texto] se establece un efecto para el borde del bloque seleccionado o de su texto (plano, con relieve, con sombra, etc.), respectivamente.

3. El botón **Organizar** despliega opciones para colocar los bloques, girarlos, etc. Sus funciones ya las hemos visto para las figuras en el apartado *Dibujar*.

4. El botón **Tamaño** permite asignar las dimensiones que se deseen a los bloques del diagrama.

Haga doble clic fuera del diagrama para terminarlo y recuerde que podrá volver a acceder a él para modificarlo haciendo clic dentro del área de dicho cuadro.

WORDART

Mediante esta utilidad podrá moldear pequeñas secciones de texto para crear rótulos. Permite diseñar efectos como añadir sombra, contorno, perspectiva, o escribir el texto con un relleno especial.

Para acceder a estas funciones, hemos de pulsar el botón WordArt que se encuentra en el grupo **Texto** de la ficha **Insertar**. Este botón despliega una lista de aspectos para que elijamos uno para el rótulo:

Cuando se elija el formato general, se obtiene un cuadro de diálogo en el que se teclea el texto del rótulo:

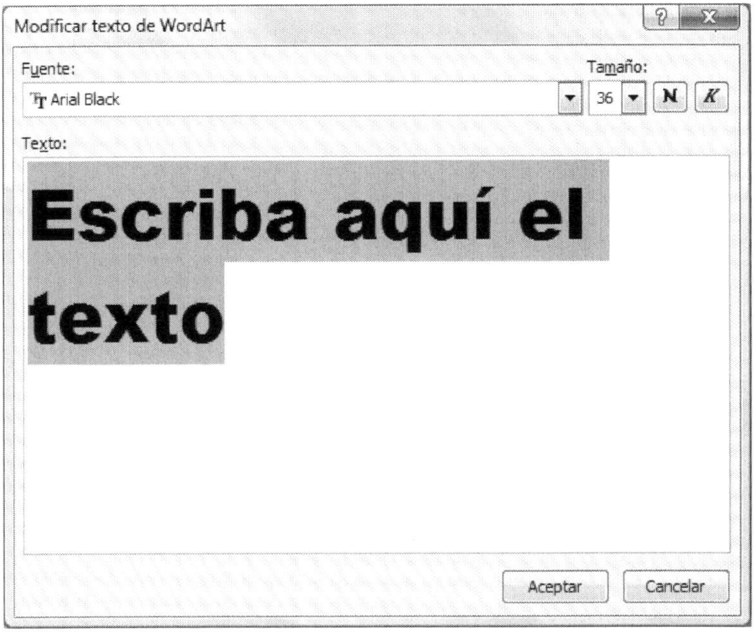

Una vez que se ha hecho esto aparece el rótulo con el estilo elegido y una nueva ficha en la cinta de opciones: **Formato**.

1. El grupo **Texto** contiene funciones para modificar, como su nombre indica, el texto del rótulo.

   - El botón **Modificar texto** lleva de nuevo al cuadro de diálogo en el que se escribe el texto del rótulo para poder modificarlo.

   - El botón **Espaciado** permite separar o acercar los caracteres que forman el rótulo mediante un menú. Para ello despliega una lista de opciones:

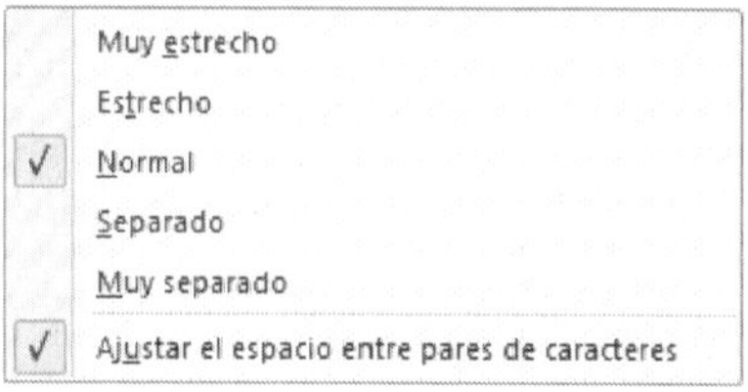

- Con el botón se iguala el tamaño de todas las letras del rótulo.

Antes de aplicar la función

Después

- Con el botón se modifica el rótulo colocándolo verticalmente. Si se vuelve a pulsar cambia a su situación inicial.

Antes de aplicar la función

Después

- Con el botón se alinea el texto del rótulo a la izquierda, a la derecha o al centro mediante un menú. Para apreciar cambio en esta función es necesario que el rótulo conste de, al menos, dos renglones.

2. El grupo **Estilos de WordArt** contiene estilos ya diseñados y funciones para que diseñemos los nuestros propios para los rótulos.

   - Para elegir uno de los estilos ya diseñados sólo hay que desplegar la lista y hacer clic en él:

- Con el botón  se establece el efecto de relleno del rótulo. Funcionan del mismo modo que hemos detallado para las figuras en el apartado *Dibujar*.

- Con el botón  se establece el tipo de borde del bloque o de su texto, respectivamente. Funcionan del mismo modo que hemos detallado para las figuras en el apartado *Dibujar*.

- Con el botón 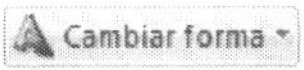 se indica la forma de contorno del rótulo. Este botón despliega una lista de formas y sólo hay que hacer clic en una (puede verlo en la figura junto al margen).

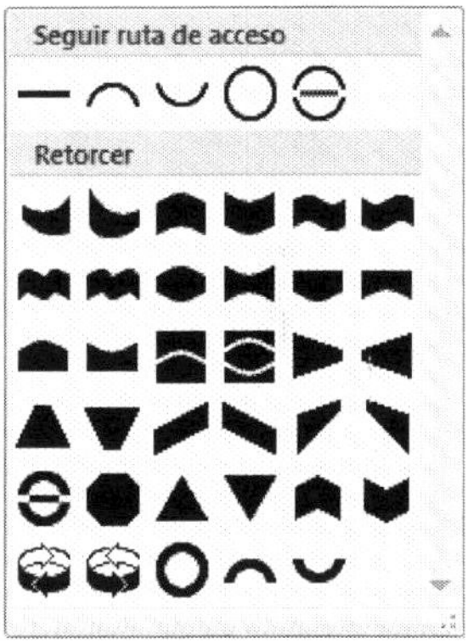

3. El grupo **Efectos de sombra** contiene varios elementos para simular que la figura proyecta sombra sobre el papel. Lo hemos visto con detalle en el apartado *Dibujar*.

4. El grupo **Efectos 3D** contiene elementos para aplicar efecto de volumen a la figura, como si se tratase de un objeto tridimensional. Lo hemos visto con detalle en el apartado *Dibujar*.

5. Los grupos **Organizar** y **Tamaño** funcionan de forma idéntica al modo descrito para las imágenes en el apartado *Editar imágenes*, por lo que si desea recordar su manejo, le sugerimos que lo repase ahí.

EJERCICIOS

I) Incorporar imágenes

1. Abra un texto de Word.

2. Utilice la lista de imágenes prediseñadas (ficha **Insertar** de la cinta de opciones, grupo **Ilustraciones**) para insertar una en el texto (a elegir).

3. En el mismo sitio, utilice el botón **Imagen** para incorporar otra que esté guardada en el disco (si no tiene ninguna, las carpetas que incorpora Windows para cada usuario suelen incluir la carpeta *Imágenes* –o *Mis imágenes*– en la que puede encontrar algunas).

4. Cuando tenga las imágenes, muévalas por el texto hasta colocarlas en lugares que considere adecuados.

5. Será más fácil realizar la tarea anterior si, al hacer clic en la imagen, accede al grupo **Organizar** de la cinta de opciones, despliega el botón Ajuste del texto y selecciona una opción entre la segunda y la quinta, ya que esto desligará la imagen del renglón y podrá moverla libremente.

6. Imprima el resultado en papel.

II) Un dibujo sencillo

Despliegue el botón **Formas** de la ficha **Insertar** (en la cinta de opciones) para dibujar la siguiente imagen:

Como recomendación para facilitarle la tarea, observe que el dibujo está formado básicamente por rectángulos de colores, por lo que le recomendamos que los utilice para obtener el resultado. Detalles:

- Intente respetar el tipo de letra de los textos que deberá generar mediante cuadros de texto.

- Observe la esquina superior derecha del disco. La esquina que falta puede eliminarla dibujando encima un triángulo cuyo borde y relleno sea del mismo color que el fondo.

III) Un dibujo avanzado

Utilice el mismo botón inicial del ejercicio anterior para dibujar la siguiente imagen:

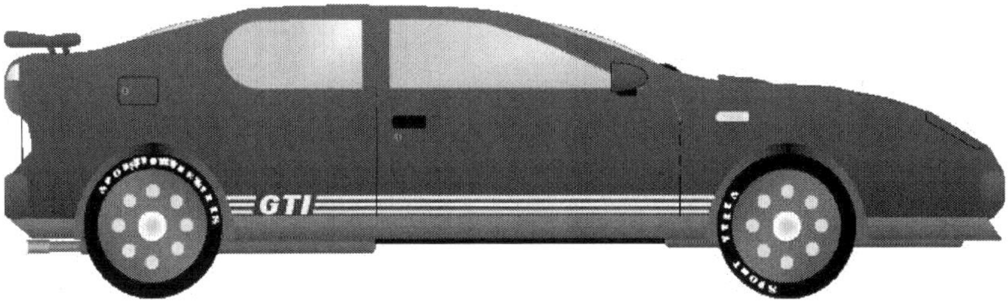

- Utilice el botón Relleno de forma para rellenar las superficies con degradados (la carrocería, las ventanas, los bajos y las llantas).
- Si tiene que dibujar dos objetos iguales (por ejemplo, las ruedas) dibuje uno solo y luego cópielo y péguelo, con lo que conseguirá un duplicado del objeto sin tener que dibujarlo de nuevo. De esta forma ahorrará tiempo y trabajo y conseguirá un duplicado exacto (es muy difícil duplicar objetos a mano, sobre todo si son complejos).
- Utilice la **Forma libre** (la penúltima del grupo Líneas desplegando el botón **Formas**) como hemos detallado en el libro para dibujar los objetos irregulares (por ejemplo, el contorno del coche): así conseguirá dibujar zonas rectas y zonas curvas en una misma figura.

IV) Rótulos

Reproduzca los rótulos que mostramos junto al margen, accediendo a la ficha **Insertar** de la cinta de opciones y pulsando el botón WordArt:

- Cuando tenga los rótulos, utilice la barra de herramientas de WordArt para modificar los rótulos (girarlos, separar sus letras, darles otra forma, etc.).

- Recuerde que se puede emplear la barra de dibujo para retocar los rótulos (el efecto de sombra, el efecto 3D, los colores de borde y relleno, etc.): utilice dichos botones para modificar aún más los rótulos.

CAPÍTULO 7

TÉCNICAS AVANZADAS

En el presente capítulo vamos a tratar funciones que solicitan una mayor contribución por parte del usuario y que, al mismo tiempo, ofrecen unos resultados muy completos.

MACROS

En palabras sencillas, una macro es una función que reúne varias. Suelen utilizarse para procesos que requieren una misma serie de acciones que se utilizan con frecuencia.

Aunque las macros se programan con el lenguaje WordBasic, es posible diseñar macros sencillas sin disponer de conocimientos de programación. Es a estas macros a las que queremos dedicar este apartado.

Creación y edición de macros

Una macro sencilla, que no necesite programación, se graba registrando todas las acciones que se necesiten. Como con cualquier proceso de grabación de datos, es necesario iniciar la grabación, exponer los datos que se van a grabar y finalizar la grabación. Las funciones de macro se encuentran en la ficha **Vista** de la cinta de opciones, desplegando el botón **Macros**. Nos ofrece tres funciones:

1. **Ver macros** permite acceder a un cuadro de diálogo con el que podremos administrar las macros que hasta ahora tengamos grabadas (eliminarlas, modificarlas –programándolas con Visual Basic–, etc.) o añadir más.

2. **Grabar macro** comienza la grabación de una macro (aunque antes requerirá ciertos datos como el nombre que le vamos a dar o las teclas que la activarán).

3. **Pausar grabación** detiene temporalmente la grabación de la macro para consultar las opciones disponibles antes de reanudarla. Cuando se pausa la grabación de una macro es importante no realizar cambios en el documento, ya que éstos no quedan registrados en la macro y podríamos obtener resultados no esperados al ponerla en marcha posteriormente.

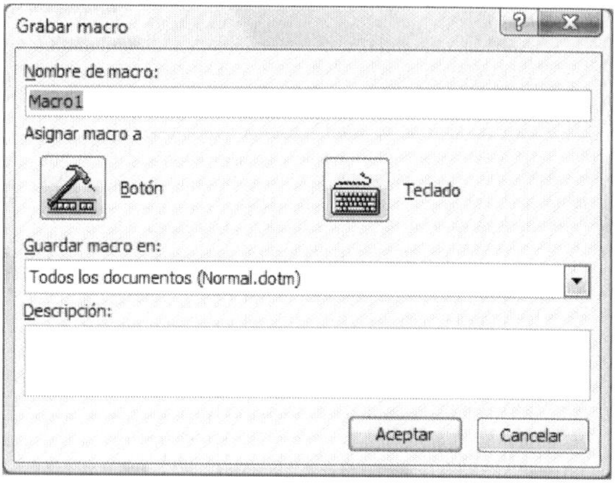

Comenzaremos por ver cómo se graba una macro. En el menú anterior se activa la opción **Grabar macro**, ante lo cual, se obtiene un cuadro como el que puede verse en la figura junto al margen:

1. Utilice **Nombre de macro** para darle nombre. No se puede emplear el mismo que ya tenga otra.

2. Se puede indicar si la macro se ejecutará mediante algún botón que será añadido a la barra de herramientas de acceso rápido (pulsando en **Botón**),

o bien, si se ejecutará mediante una combinación de teclas (pulsando sobre el botón **Teclado**). Si no elige ninguno de ellos, la macro se grabará sin asociar a tecla o botón alguno.

3. Lo común es grabar la macro en la plantilla **Normal.dotm** que es la que se suele emplear con todos los textos de Word; sin embargo, si desea que una macro sólo funcione en un texto concreto (que además ha de estar abierto), deberá elegir su plantilla en la lista **Guardar macro en**.

4. Si lo desea, puede crear un resumen de la finalidad de la macro, en el cuadro **Descripción**.

Si ha de aparecer un botón en una barra de herramientas de inicio rápido para que éste ponga en marcha la macro, se opta por el botón **Botón**, que lleva a un nuevo cuadro de diálogo que actúa a modo de administrador de macros:

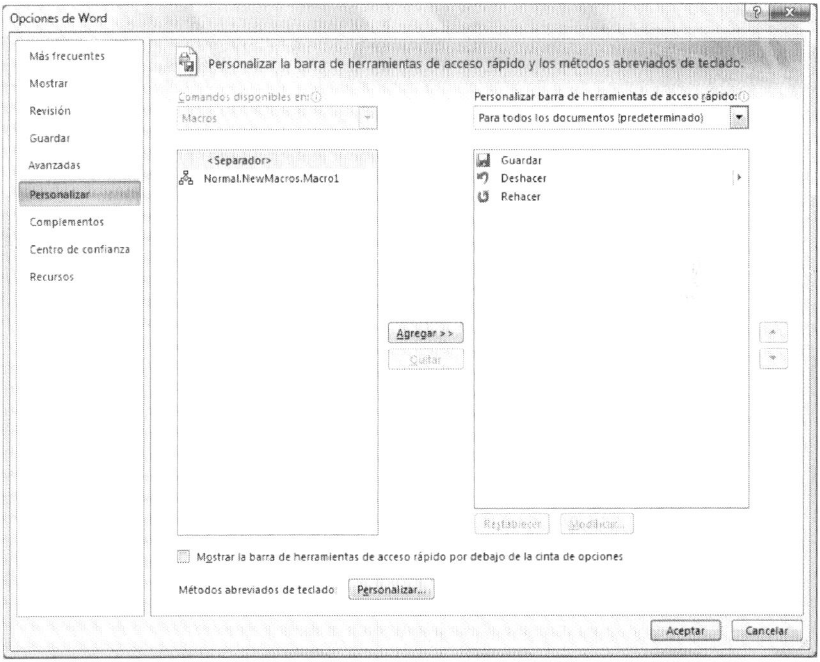

En una de las listas de este cuadro de diálogo vemos nuestra macro con el nombre **Normal.NewMacros.Macro1**. Para disponer de un botón que la active, hacemos clic en él y pulsamos el botón Agregar >>. Esto lleva la marco a la lista de la derecha que representa todos los botones que se encuentran en la barra de herramientas de acceso rápido.

Si se equivoca de macro, haga clic en ella dentro de la lista de la derecha y pulse el botón Quitar, que la hará desaparecer de la barra.

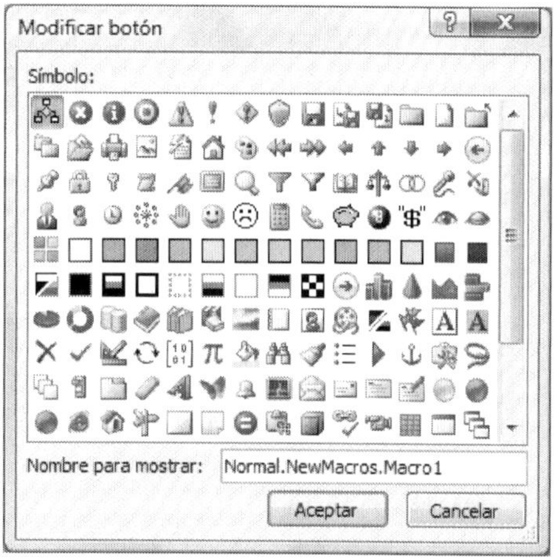

Debajo de esa lista derecha se emplea el botón Modificar... para asignar un icono con el que se verá la macro en la barra, así como un texto que aparecerá automáticamente si el usuario mantiene el puntero del ratón unos instantes sobre él.

Cuando se sale de ambos cuadros, aceptando los cambios, ya se está grabando la macro, por lo que todo lo que se realice quedará registrado.

Es muy importante que, a partir de este punto y hasta que finalice la grabación, procure no equivocarse a la hora de realizar las acciones que desee, ya que, si se equivoca, Word también grabará la función errónea. Tenga en cuenta que puede comprobar el efecto que genera una acción antes de registrarla pausando la grabación. Para ello, se vuelve a acceder a la ficha **Vista**, se despliega el botón **Macros** y se pulsa **Pausar grabación**, botón que se vuelve a pulsar para reanudarla.

No tema tardar mucho en realizar las acciones que va grabando, ya que Word no registra el tiempo que tarde en ejecutarlas, sino únicamente cuáles son.

Cuando termine la grabación, puede volver a acceder a la ficha **Vista**, desplegar botón **Macros** y seleccionar **Detener grabación** para dar por finalizada la creación de la macro.

Si se optó por que la macro quede registrada en el archivo de plantilla **Normal.dotm**, se podrá utilizar en cualquier documento de texto.

Administrar las macros

Cuando se dispone de macros, existe la posibilidad de realizar ciertas funciones útiles en ellas: borrarlas, modificarlas, etc.

Para ello, se accede a la ficha **Vista**, se despliega el botón **Macros** y se selecciona **Ver macros**. Esto lleva al siguiente cuadro de diálogo:

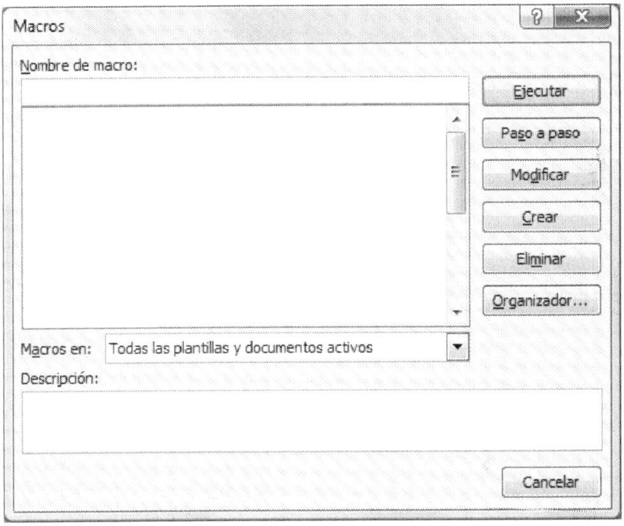

1. Con el botón 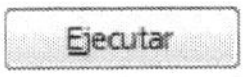 se pone en marcha una macro que previamente se haya seleccionado en la lista.

2. Con el botón 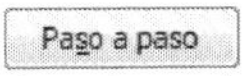 se pone en marcha una macro que previamente se haya seleccionado en la lista, pero va ejecutando su contenido poco a poco con la intención de que el usuario pueda localizar errores en su diseño.

3. Con el botón  se puede cambiar el funcionamiento de una macro, pero es necesario disponer de conocimientos del lenguaje Visual Basic para poder hacerlo. Si desconoce este sistema, puede intentar crear de nuevo la macro.

4. Con el botón  se crea una nueva macro. Sin embargo, no se emplea el mismo método de grabación que describimos antes, sino que se va diseñando, instrucción a instrucción, con el lenguaje Visual Basic.

5. Con el botón Eliminar se borra una macro que previamente se haya seleccionado en la lista.

6. Con el botón Organizador... se accede a otro cuadro de diálogo con el que se pueden copiar macros de un documento a otro, de un documento a la plantilla **Normal.dotm** para que funcione en cualquier documento o entre plantillas.

Introducción al manejo con Visual Basic

El lenguaje Visual Basic que incorpora Word contiene una gran variedad de instrucciones y estructuras para la programación de la macro. Para acceder al programa fuente de una acceda al cuadro de diálogo anterior, se selecciona la macro y se pulsa el botón Modificar. Esto lleva al editor de Visual Basic:

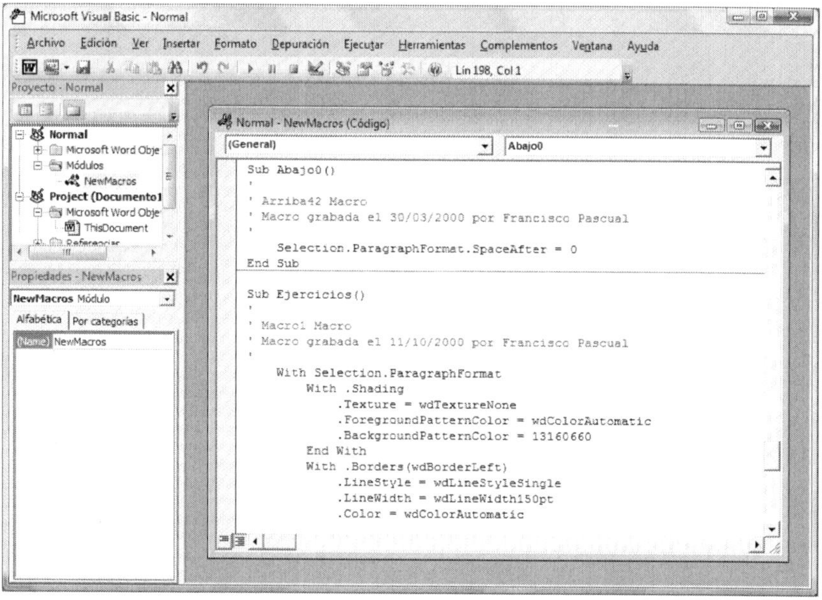

En la ventana del programa puede añadir, borrar o modificar lo que guste, para alterar el comportamiento de la macro, aunque volvemos a repetir que es necesario conocer el lenguaje para obtener algún resultado positivo.

GRÁFICOS MATEMÁTICOS

Con Word podemos añadir representaciones gráficas que muestren datos numéricos de forma esquemática para facilitar su rápida comprensión o percepción.

Disponemos de varios tipos de gráficos: de líneas, de barras, de sectores y sus correspondientes equivalentes en tres dimensiones.

Para acceder a los gráficos en Word, debemos pulsar el botón **Gráfico** que se encuentra en el grupo **Ilustraciones** de la ficha **Insertar**. Al hacerlo se obtiene lo siguiente en el texto:

Lo que vamos a exponer a continuación aparece si **no** se tiene instalado Excel 2007. Si dicho programa sí está instalado, el funcionamiento es distinto, puesto que entonces Word cede el control a Excel y los gráficos se crean empleando el método de éste último, que es capaz de generar gráficos más potentes.

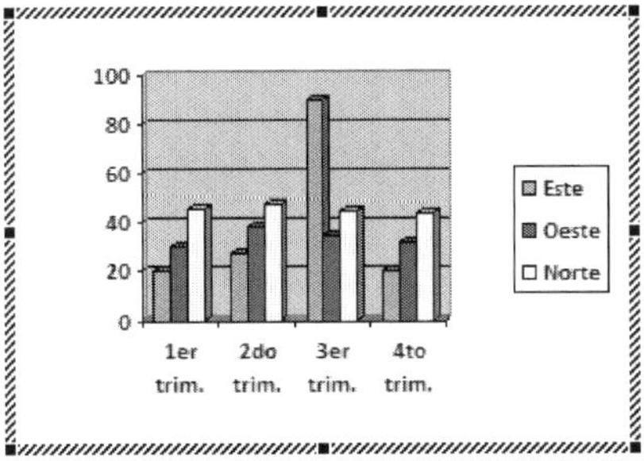

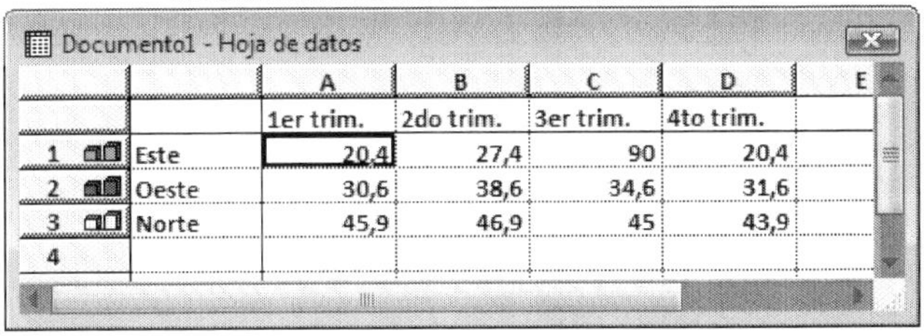
Documento1 - Hoja de datos

		A	B	C	D	E
		1er trim.	2do trim.	3er trim.	4to trim.	
1	Este	20,4	27,4	90	20,4	
2	Oeste	30,6	38,6	34,6	31,6	
3	Norte	45,9	46,9	45	43,9	
4						

Como se puede ver en la figura, el programa Microsoft Graph ofrece dos partes: una ventana con el gráfico en sí y otra con los datos matemáticos que lo forman. En principio, lo único necesario es eliminar los datos matemáticos y, en su lugar, escribir los que nosotros necesitamos para nuestro gráfico.

Como puede apreciarse, los datos deben incorporarse en forma de tabla, sin filas ni columnas en blanco entre los datos que la compongan. Allí especificaremos rótulos que poseerá el gráfico y los datos numéricos que conformarán el dibujo con las barras, líneas, sectores, etc. De una buena distribución de esos datos depende la correcta presentación del gráfico en el texto posteriormente.

En la ventana habrán aparecido dos barras de herramientas en la parte superior (podrían aparecer parcialmente superpuestas, le recomendamos que desplace una debajo de la otra):

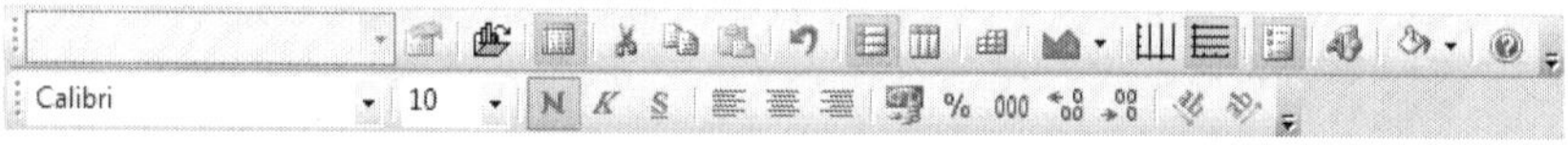

Muchas de las funciones que ofrecen estos botones son típicas para textos: fuente, tamaño de letra, alineación, formato de números, etc.

Si está situado en la ventana del gráfico, podrá disponer libremente de todos estos botones, así como del menú cuyas funciones cambian adaptándose al gráfico. Gracias a ellos podremos indicar el tipo de gráfico (áreas, barras, columnas, líneas, circular o sectores, etc.), los títulos del gráfico (títulos, rótulos de datos, flechas, leyendas, etc.) y el resto de las funciones aplicables a gráficos matemáticos.

Por ejemplo, si desea elegir entre los distintos tipos de gráficos, puede pulsar el botón  que muestra una lista de formas para el gráfico:

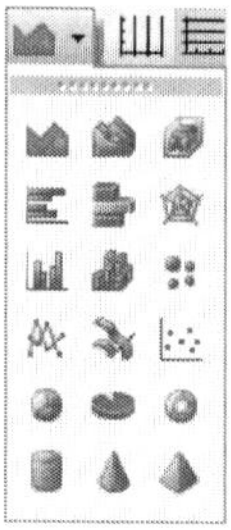

Puede elegir uno de entre cualquiera de los que se muestran, incluso dando un efecto tridimensional con los botones adecuados.

Utilice los botones de la barra para aplicar el resto de las funciones al gráfico. He aquí la lista completa de los botones de la barra que aún no conocemos:

 **Ver hoja de datos** permite ocultar y mostrar la tabla que contiene los datos con los que se construye el gráfico.

Importar archivo. Permite extraer datos de hojas de cálculo para el gráfico actual.

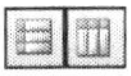

Por filas/Por columnas. Aplican los datos distribuyendo el gráfico según se elija.

Tabla de datos. Añade al gráfico una tabla con los datos que lo generan.

Líneas de la cuadrícula. Permiten indicar qué clase de líneas de fondo aparecerán en el gráfico: verticales, horizontales o ambas.

Leyenda. En el gráfico aparece por defecto la leyenda, cuya función es mostrar los colores que se han asociado a los datos en el gráfico. Esta leyenda puede mostrarse o hacerse desaparecer mediante este botón.

Los botones de **Estilo** permiten cambiar el formato de los números en la hoja de datos y, por tanto, su representación en el gráfico. Por ejemplo, el primero (por la izquierda) es **Estilo moneda**, que añade la coletilla **€** a los números de la tabla.

Puede cambiar cualquier elemento del gráfico haciendo doble clic en él.

Para abandonar la edición del gráfico, haga clic fuera de su recuadro (en el texto), con lo que quedará incrustado.

Para borrar un gráfico, haga clic en él y pulse la tecla **Supr**.

COMBINAR CORRESPONDENCIA

Es un proceso en el que se escribe un documento que se mezcla con datos específicos de diferentes personas para distribuirlos entre ellos.

Aunque Word 2007 mantiene el asistente de creación de documentos combinados que se empleaba en la versión anterior, ahora el trabajo de diseño se ha simplificado tanto que resulta más breve prescindir de él.

Nosotros vamos a describir el proceso sin asistente, ya que resulta más práctico, sin embargo, seguir el asistente no es difícil y, si le interesa le sugerimos que lo pruebe para poder comparar y elegir en el futuro la técnica que más le agrade.

El trabajo para la combinación de correspondencia se realiza desde la ficha **Correspondencia** de la cinta de opciones. Contiene varios grupos de los que iremos empleando las funciones que se requieran en cada momento.

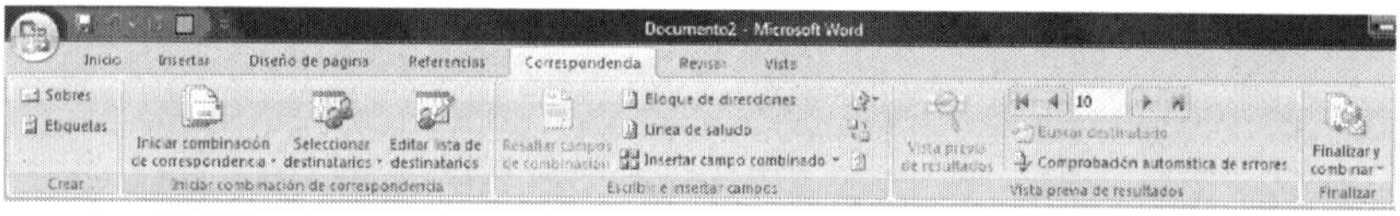

El peso del trabajo se va a realizar en el grupo **Iniciar combinación de correspondencia**, ya que sus tres botones contienen las funciones principales para el trabajo: crear la carta y elegir y modificar los datos para mezclar con la carta.

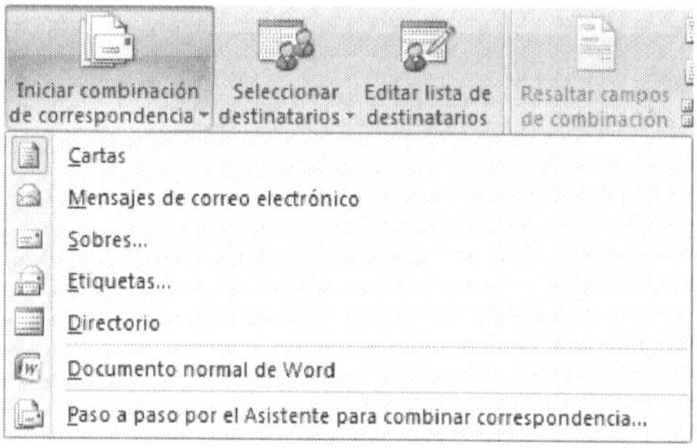

Lo primero es desplegar el botón **Iniciar combinación de correspondencia**, que ofrece una lista de posibles documentos combinados:

1. **Cartas**. Se selecciona si se van a crear cartas personalizadas o, lo que es lo mismo, un mismo modelo de carta que se va a enviar a varios destinatarios mezclados con datos particulares de cada uno.

2. **Mensajes de correo electrónico**. Se selecciona si se va a crear un mismo modelo de mensaje de correo que se enviará a varios usuarios con datos particulares de cada uno.

3. **Sobres**. Se selecciona si se van a crear sobres de direcciones postales.

4. **Etiquetas**. Se selecciona si se van a crear etiquetas adhesivas con datos de direcciones postales. Aunque esta es su función más habitual, se puede

emplear este tipo de documento para crear todo tipo de etiquetas adhesivas (para etiquetar cajas de discos, cintas, etc.).

5. **Directorio**. Se selecciona si se va a crear un documento combinado que no sea necesariamente una carta ni que coloque los datos en páginas separadas (las cartas van cada una en una página diferente).

6. **Documento normal de Word**. Cambia el documento, dejando de ser de tipo combinado y pasando a ser un documento de texto normal.

7. **Paso a paso por el Asistente para combinar correspondencia**.

Cartas

Si se opta por crear una carta, no se aprecian cambios en el documento, pero se activan los botones de los grupos de la ficha en la cinta de opciones.

Madrid, 01 de marzo de 2007

Estimado Sr. :

Le comunicamos que la comisión de aceptación ha aprobado su ingreso en el club *Too much money*, por lo que le damos la bienvenida y le invitamos a que se persone en nuestra sede central para una primera reunión informativa.

Le rogaríamos que comunicase previamente la fecha y hora de su visita para que podamos atenderle debidamente.

Asimismo, le solicitamos que se presente a la mayor brevedad posible para acelerar los trámites burocráticos.

Sin otro particular, reciba un saludo:

Enrique Cido Conpasta
- Presidente -

En ese momento escribimos la parte que va a ser común a todas las cartas que enviemos. Observe en la carta de la figura anterior como hemos dejado el espacio para colocar los datos particulares de cada destinatario (por ejemplo, en la línea de saludo, detrás de *Estimado Sr.*).

A la carta se le da el aspecto que se desee empleando todas las funciones de Word: formato de texto, columnas, tablas, inserción de elementos especiales (como fecha o número de página), etc.

Una vez que la parte estática de la carta está preparada procederemos a añadir los elementos que van a variar en cada copia de la carta para que se adapten a cada destinatario, comenzando por elegir o crear el archivo que contiene la información de esas personas. Para ello, en la misma ficha de la cinta de opciones se pulsa el botón **Seleccionar destinatarios**.

Crear listas de destinatarios

Si no se dispone aún de datos de las personas que recibirán las cartas, se crean en este momentos seleccionando **Escribir nueva lista** en el menú del botón anterior. Se obtiene un cuadro en el que se pueden teclear esos datos.

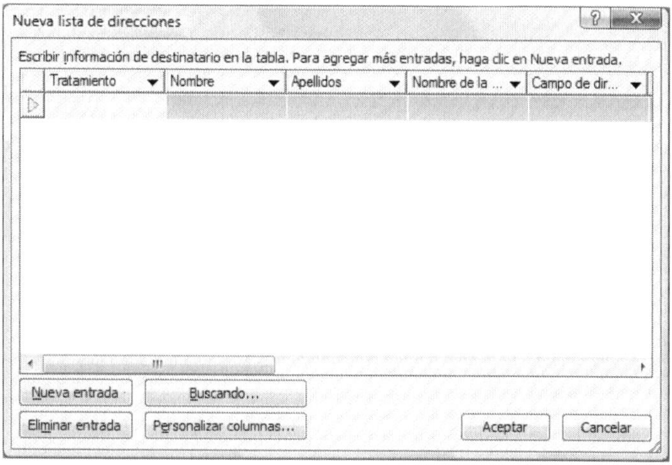

Si las columnas de datos que muestra el cuadro son aceptables sólo hay que escribir la información oportuna.

1. Si se termina una fila de datos (un registro) y se necesita escribir otra, se pulsa el botón Nueva entrada.

2. Si hay que borrar una fila de datos, se hace clic en ella y se pulsa el botón Eliminar entrada.

3. Si se necesita localizar los datos de un destinatario, se pulsa el botón Buscando..., que ofrecerá un cuadro de diálogo en el que se escribe un dato conocido de la persona (en el cuadro de texto **Buscar**):

4. Si las columnas que ofrece el cuadro de diálogo no contienen información adecuada sobre las personas cuyos datos necesitamos almacenar, se pueden modificar. Para ello está el botón Personalizar columnas..., que nos lleva a otro cuadro de diálogo en el que realizar la modificación:

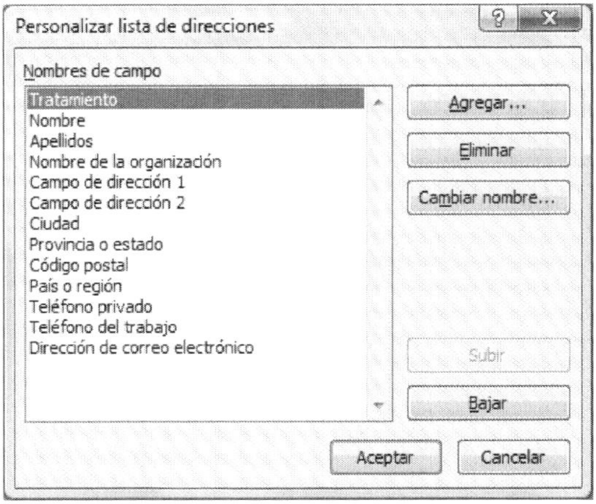

- En este cuadro se selecciona un campo que sobre y se pulsa el botón Eliminar para quitarlo.
- Si se trata de añadir uno que falta, se pulsa el botón Agregar... y se teclea en el cuadro de diálogo que aparece.
- Si se trata de corregir un nombre incorrecto, se selecciona y se pulsa el botón Cambiar nombre... . Se corrige el nombre tecleándolo en el cuadro de diálogo que aparece.
- Se pulsa el botón Aceptar para regresar a la lista de datos de destinatarios.

Cuando se pulsa el botón Aceptar en la lista de destinatarios, Word solicita que demos un nombre al archivo que va a almacenar toda esa información. El archivo es de hecho una base de datos de Access, por lo que se puede manipular con ese programa.

Abrir listas de destinatarios

Si la lista ya está diseñada y lista para utilizar sus datos en la carta, en lugar de crearla, optaremos por abrirla. Esto se hace en la ficha **Correspondencia** desplegando el botón **Seleccionar destinatarios** y eligiendo su opción **Usar lista existente**, que se limitará a mostrar el cuadro de diálogo habitual para abrir documentos. Con él localizamos la unidad de disco y carpeta en la que se encuentra el archivo de datos. Si se importan los datos de una base de datos de Access aparecerá una ventana extra en la que se selecciona la tabla o consulta cuyos datos vamos a emplear:

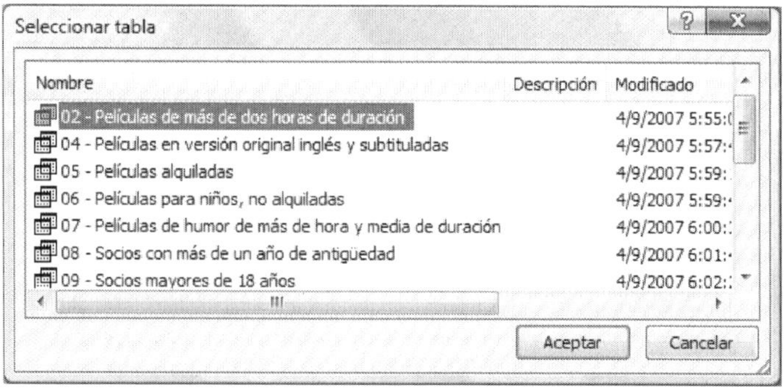

Cuando se selecciona el archivo, no apreciaremos cambio aparente en el documento, pero la información ya está lista para que la situemos en la carta.

Word ofrece un sistema que permite modificar los datos de los destinatarios tanto si la lista está recién creada como si la hemos abierto desde el disco. Se trata del botón **Editar lista de destinatarios** que podemos encontrar en el grupo **Iniciar combinación de correspondencia** de la ficha **Correspondencia**.

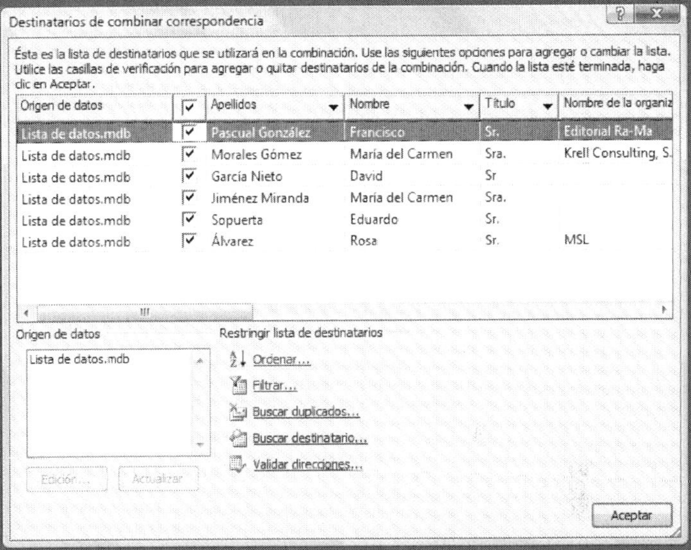

Además de poder modificar los datos aquí, puede desactivar la casilla de cada fila que no desee que forme parte del resultado en la carta. También puede utilizar los enlaces (**Ordenar**, **Filtrar**, etc.) para organizar sus datos. Por ejemplo, filtrar le ayuda a limitar los datos que se usarán en las cartas.

Componer la carta y obtener el resultado

Ahora que todos los ingredientes están listos sólo hay que colocar cada dato en su lugar para poder generar el resultado final.

Para ello, se lleva el cursor al punto de la carta en el que debe aparecer uno de los datos particulares de cada destinatario. Entonces se despliega el botón Insertar campo combinado y se elige el dato que debe ir colocado en ese punto de la carta.

Así, en nuestro ejemplo anterior, podríamos llevar el cursor detrás de la línea de saludo de la carta (*Estimado Sr.*) y, desplegando dicho botón, elegiríamos el dato *Primer apellido* para que sea un apellido lo que complete la frase.

Repitiendo este paso en todos los lugares de la carta en los que deba aparecer un dato personal de cada destinatario, se completa el proceso; sin embargo, se pueden emplear más elementos de la cinta de opciones para trabajar con las cartas:

1. El botón Bloque de direcciones ayuda a confeccionar una cabecera de carta que incluya todos los datos domiciliares del destinatario. Esto se realiza con un cuadro de diálogo en el que se activan las casillas de aquellos datos que se desea mostrar. Dispone de un cuadro de muestra con el que apreciar el resultado previo.

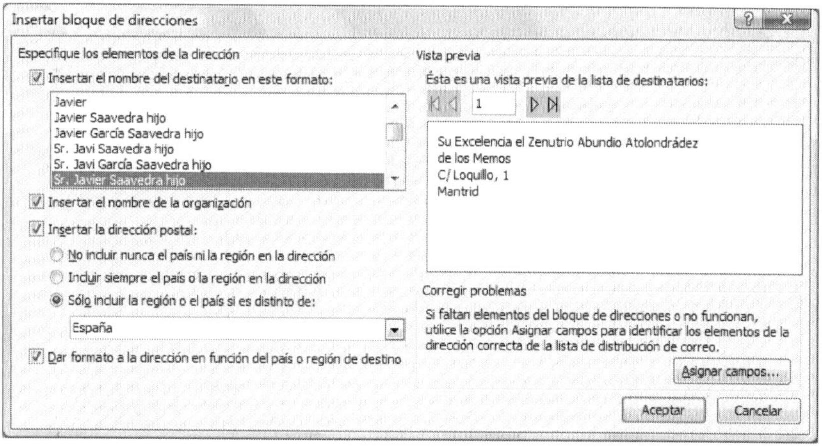

2. El botón Línea de saludo ayuda a confeccionar la línea de saludo de la carta, es decir, la frase introductoria. También se realiza mediante un cuadro de diálogo en el que se seleccionan las palabras de la frase acompañando al nombre o apellidos del destinatario, rematándola con un carácter como los dos puntos (:).

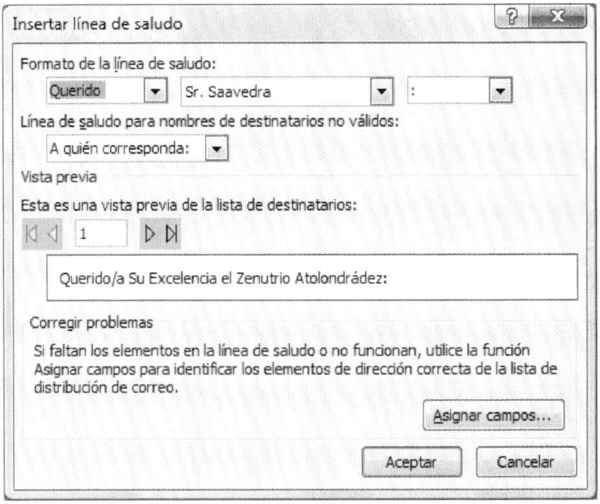

3. El botón **Vista previa de resultados** activa un modo de trabajo en el que vemos cómo queda una carta ya terminada. Este botón se puede volver a pulsar para salir del modo de vista previa y volver al habitual de diseño.

4. Mientras estamos en el modo de vista previa, podemos emplear los botones  de la ficha **Vista previa de resultados** con el fin de navegar por las cartas y poder comprobar si son correctas o hay errores. Puede teclear directamente un número de carta en el cuadro de texto central y pulsar **INTRO** para acceder a ella.

5. También puede localizar un destinatario para comprobarlo (siempre estando en el modo de vista previa) mediante el botón 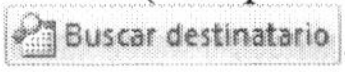. Esto lleva a un cuadro de diálogo en el que se escribe un dato conocido del destinatario para poder localizarlo.

6. Para finalizar todo el proceso se pulsa el botón **Finalizar y combinar**, que genera un nuevo documento en el que están incluidas las cartas de todos los destinatarios (una por página) con sus datos personalizados. Habitualmente este documento se imprime en papel y se descarta cuando se cierra (no se guardan los cambios), puesto que puede ocupar un espacio en disco considerable y en caso de volver a necesitarlo sólo tendríamos que abrir la carta original (que debemos grabar siempre) y volver a pulsar **Finalizar y combinar**.

ETIQUETAS POSTALES

El proceso para generar etiquetas postales es idéntico al de creación de cartas personalizadas, con la excepción de que es necesario establecer el tipo de etiquetas que se van a emplear. Este paso es, por otra parte, imprescindible para evitar que los datos se impriman fuera de las etiquetas en el papel.

Para ello, se elige un modelo de etiquetas con unas dimensiones y distancia entre ellas establecidas al milímetro, de modo que Word controle en qué espacio puede escribir para no salirse.

Así, cuando se pulsa el botón **Iniciar combinación de correspondencia** del grupo que lleva ese mismo nombre en la ficha **Correspondencia** de la cinta de opciones y se selecciona **Etiquetas**, se obtiene inmediatamente un cuadro de diálogo para elegir el tipo de etiquetas:

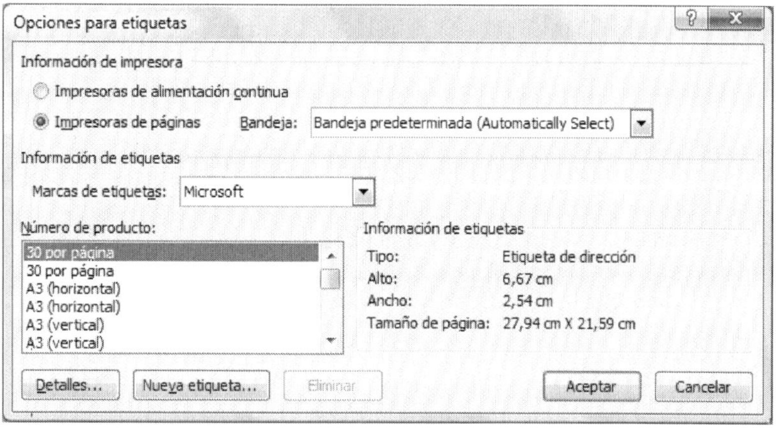

La lista **Número de producto** ofrece una relación de tipos de etiquetas ya configurados, pero si el tipo de etiquetas que va a emplear no se encuentra en esa lista (puede ver si sus datos coinciden en el grupo **Información de etiquetas**), deberá añadirlos usted mismo, para lo que deberá valerse del botón 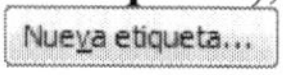

que le llevará a otro cuadro de diálogo en el que se indicarán las características de las etiquetas en cuestión: las dimensiones de las etiquetas, el número de columnas de etiquetas en la página, la separación entre ellas y, por último, los márgenes que las separan con respecto al borde de la página.

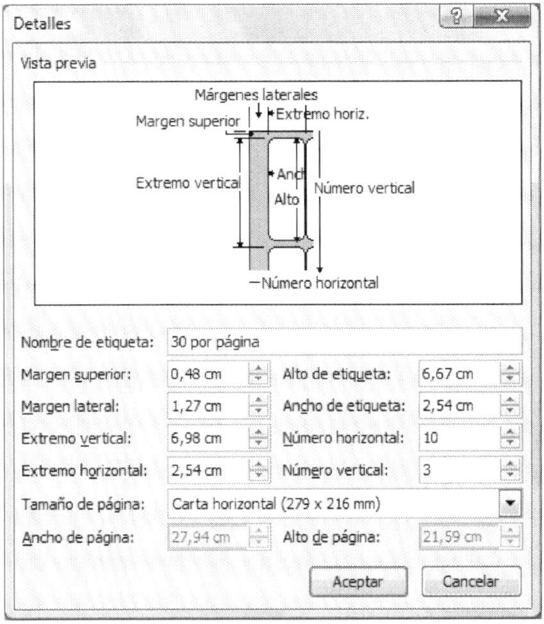

Cuando termine, tendrá que colocar los datos que vayan a ir escritos en las etiquetas mediante el botón Insertar campo combinado. No olvide separar los campos y colocarlos de manera adecuada. Posiblemente tendrá que copiar y pegar todos esos datos en cada etiqueta, ya que Word genera una tabla con las medidas de las etiquetas pero no sitúa en ellas los datos. Así pues, donde vea el mensaje **«Próximo registro»** deberá colocar, detrás, una copia de los datos.

TABLAS DE CONTENIDO

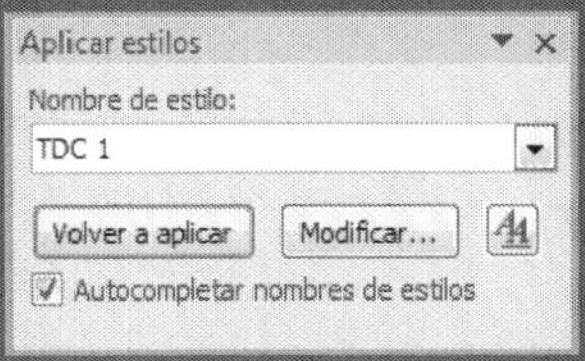

A lo largo de todo el presente apartado, sería recomendable mantener activado el panel de tareas de estilos, lo que se puede conseguir fácilmente pulsando las teclas **CONTROL + MAYÚSCULAS + W**.

Word incluye una función que permite construir índices temáticos (o tablas de contenido) en nuestros documentos. El funcionamiento básico que permite su aplicación consiste en tres pasos bien diferenciados:

1. Seleccionar a lo largo del libro cada apartado que deba aparecer en el índice y aplicarle el estilo *Título 1* (por ejemplo, pulsando **CONTROL + MAYÚSCULAS + W**). Este estilo puede retocarse para conseguir que su aspecto sea diferente del original (por ejemplo, mediante el botón Modificar... del panel de tareas). Si en el índice va a haber más niveles de índice se tendrán que aplicar a lo largo del texto los estilos *Título 2*, *Título 3*, etc. Cada uno de ellos puede modificarse según sea conveniente con el mismo botón Modificar... .

2. Después de asegurarse de que todas las entradas se corresponden con algún estilo de *Título*, hay que añadir el índice al libro, generalmente en una página vacía al principio del documento. Ahí se accede a la ficha **Referencias**, se despliega el botón **Tabla de contenido** y se elige un estilo de tabla, o bien, la opción **Insertar tabla de contenido**, que permite configurar una tabla eficazmente mediante un cuadro de diálogo:

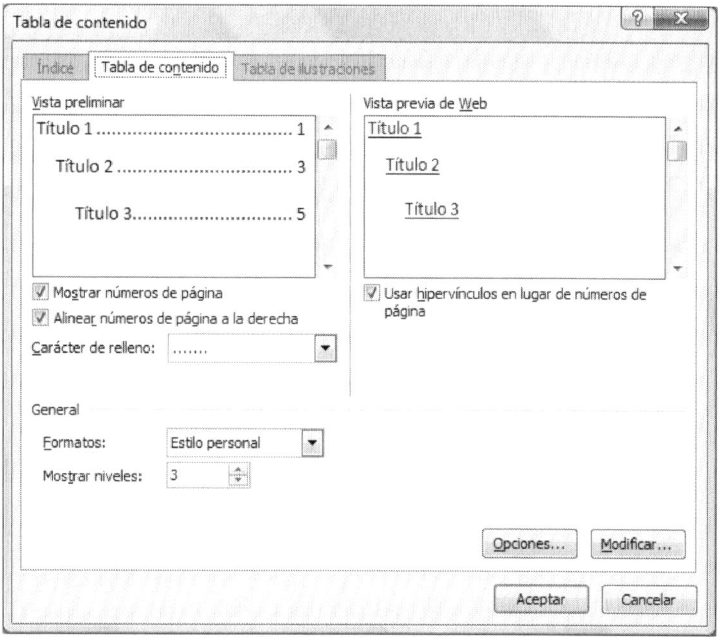

- Comience por desplegar la lista **Formatos** y seleccionar un aspecto genérico para la tabla de contenido.

- La lista **Carácter de relleno** permite establecer si entre cada entrada de la tabla y su número de página habrá un carácter que se repita hasta completar la línea. Podremos elegir entre puntos, guiones, guiones bajos o ninguno.

- Si los números deben colocarse junto al margen derecho, mantenga activa la casilla **Alinear números de página a la derecha**. De hecho estos números podrían no aparecer si desactivamos la casilla **Mostrar números de página**.

- Se puede activar la casilla **Usar hipervínculos en lugar de números de página** para que se pueda hacer clic en cada tema y se nos lleve así a la página correspondiente.

- Utilice **Mostrar niveles** para establecer cuántos niveles de título va a emplear en el documento. Cada nivel mostrará en la tabla de contenido sus rótulos más sangrados que el anterior. El primer nivel será el asociado con el estilo **Título 1** y se mostrará en la tabla con el aspecto del estilo **TDC1**, el segundo utilizará **Título 2** y el aspecto en la tabla será **TDC2** y así sucesivamente.

3. Si hay que modificar la numeración o se añaden más apartados en el texto, hay que actualizar el índice, lo que se consigue con el botón derecho del ratón sobre cualquier parte de la superficie del mismo, seleccionando la opción **Actualizar campos**.

ÍNDICES ALFABÉTICOS

También podremos construir índices alfabéticos de forma automática. Para ello se establecen a lo largo del libro los términos y expresiones que deben aparecer en el índice. En un documento de Word, a estos términos y expresiones añadidos al texto se les denomina **marcas de índice** o **entradas**. Cuando se han añadido todas, se genera dicho índice, normalmente en la parte final del documento.

Lo más práctico es añadir las marcas de índice cuando el documento está terminado, si bien, habrá ocasiones en las que será necesario añadir, modificar o eliminar estas marcas posteriormente.

Cada marca se añade en un punto concreto del texto, mediante un cuadro de diálogo que podemos mantener flotante mientras trabajamos. De esta forma iremos recorriendo el texto añadiendo marcas donde nos interese manteniendo la herramienta a la vista constantemente.

Para mostrar el cuadro de diálogo que permite añadir las marcas se pulsa el botón **Marcar entrada** del grupo **Índice** en la ficha **Referencias** de la cinta de opciones, lo que muestra un cuadro de diálogo como el que puede verse junto al margen. En él:

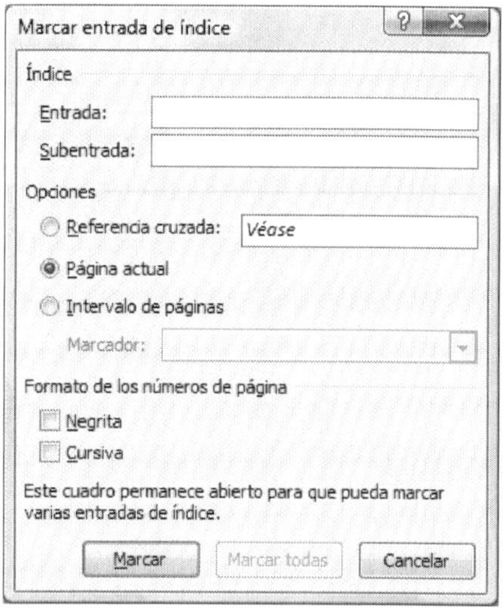

- Se escribe el término o la expresión que debe aparecer en el índice alfabético en el cuadro de texto **Entrada**.

- Se utiliza **Subentrada** si se va a añadir un segundo nivel de entradas que apunte a un tema dependiente de otro. No se emplea, a menos que también se haya tecleado una **Entrada**. Por ejemplo, **Entrada** = *Tablas* y **Subentrada** = *crear* (para hacer referencia a la página en la que se habla de *tablas* y en la que se habla de *crear tablas*).

- Si el término o expresión debe hacer referencia a la página en la que se están marcando, se debe mantener activo el botón **Página actual**. Si no, se puede activar **Referencia cruzada**, para que en el índice aparezca una expresión en lugar del número de página en ese término (por ejemplo, *Véase párrafos*, que habría que escribir en el correspondiente cuadro de texto), o bien, **Intervalo de páginas** para indicar dos páginas separadas por un guión que indicarían aquellas en las que se habla del término o expresión.

- Puede activar las casillas **Negrita** o **Cursiva** para que el término o expresión aparezca con uno de esos aspectos (o con ambos).

- Cuando se pulsa el botón Marcar queda fijado el término en esa página de forma que al crear el índice se tiene en cuenta y se coloca en su lugar alfabéticamente.

Las marcas quedan escritas entre los símbolos de llave y ocultas al texto general. Dentro de las llaves aparece el mensaje XE y detrás el término escrito entre comillas. Ahí se puede teclear para modificar una marca. Las subentradas aparecen separadas por dos puntos de las entradas.

Una vez añadidas las marcas al texto hay que generar el índice y eso se realiza llevando el cursor hasta la página en la que deseamos añadir el índice, accediendo a la ficha **Referencias** de la cinta de opciones y pulsando el botón Insertar índice del grupo **Índice**. Se obtiene un cuadro de diálogo en el que se dispone de los elementos necesarios para generarlo:

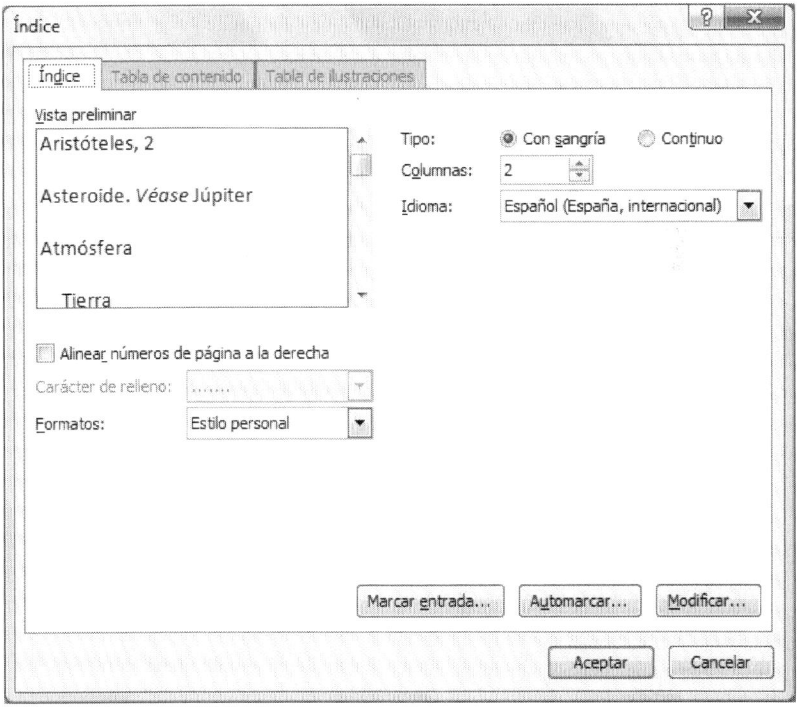

1. En la lista de **Formatos** elegimos el aspecto básico del índice.

2. Si se activa la casilla **Alinear números de página a la derecha**, dichos números quedarán colocados en esa zona y la separación entre éstos y sus correspondientes términos podrá cubrirse mediante las opciones de la lista **Carácter de relleno**.

3. Con **Tipo** podemos establecer si las subentradas aparecerán sangradas en la línea siguiente a sus entradas, o bien, si aparecerán a continuación en el mismo renglón.

4. También podemos especificar un **Número de columnas** a lo largo de las cuales se distribuirán los términos y sus números de página.

Cuando se pulsa el botón 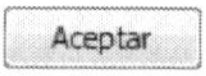

aparece el índice en el lugar del texto en el que nos encontremos.

FORMULARIOS

Algunos documentos de Word están diseñados para que, al ser impresos, se puedan rellenar a mano con bolígrafo. Este mismo tipo de documentos puede diseñarse para que, en lugar de rellenar la información a bolígrafo, se haga directamente con el propio Word.

Para ello, se diseña una parte del texto como habitualmente se realiza, es decir, escribiendo en la hoja la parte fija del texto (datos típicos como *Nombre*, *Apellidos*, *Dirección*, *Teléfono*, etc.) y, junto a ellos, los elementos pensados específicamente para que se rellenen con la información pertinente (un nombre, unos apellidos, una dirección, un teléfono, etc.).

Para poder incorporar estos elementos se necesita la ficha **Formulario** de la cinta de opciones:

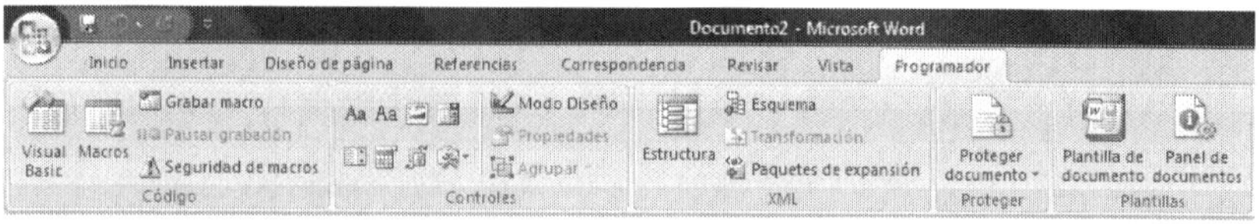

> Esta ficha **Formulario** no aparece inicialmente en Word, en principio, debido a que contiene funciones avanzadas que están previstas para usuarios igualmente avanzados.
>
> Para activarla, pulsamos el botón de Office ( ), el botón Opciones de Word y en la categoría **Más frecuentes**, activamos la casilla **Mostrar ficha Programador en la cinta de opciones**.

Disponemos de varios tipos de elementos de formulario que se pueden añadir a un texto de Word desde el grupo **Controles** de la citada ficha **Formulario**:

1. Aa (**Texto enriquecido**): es un elemento de control pensado para poder escribir en su interior. Al tratarse de texto enriquecido, admite ciertos formatos de mejora de aspecto como fuentes, colores, tamaño de texto, etc. Cuando se inserta en el texto un elemento de este tipo ofrece el siguiente aspecto (que también muestra cuando se hace clic en él):

Cuando aparece así, se puede pulsar el botón Propiedades de la cinta de opciones, que ofrece un cuadro de diálogo para ajustar su funcionamiento:

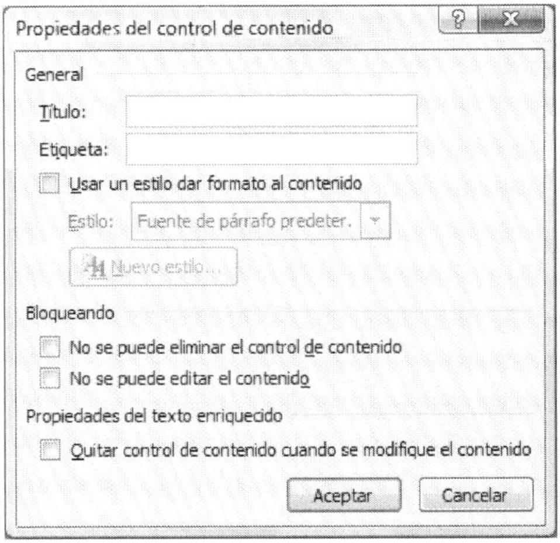

- En **Título** escriba un texto que describa el cometido del elemento. También puede escribir una **Etiqueta** para que un programador lo identifique, si bien este dato no es obligatorio.

- Si activa **Usar un estilo dar formato al contenido** podrá elegir un estilo en la lista que tiene debajo (o crear uno nuevo) para que su aspecto afecte a lo que se escriba en el cuadro de texto enriquecido.

- Si activa **No se puede eliminar el control de contenido**, no se podrá borrar el elemento hasta que vuelva a desactivar esta casilla.

- Si activa **No se puede editar el contenido**, no se podrá borrar el contenido del elemento hasta que se vuelva a desactivar esta casilla.

- Si activa **Quitar control de contenido cuando se modifique el contenido**, el contenedor desaparecerá aunque no el contenido cuando éste se altere.

2. Aa (**Texto**): es un elemento de control pensado para poder escribir en su interior sin ningún tipo de formato para su contenido. El aspecto que ofrece este elemento es el mismo que el de los textos enriquecidos y al pulsar el botón Propiedades ofrece el mismo cuadro de diálogo, excepto que muestra una casilla más, **Permitir retornos de carro (varios párrafos)**, que, si se activa, admite varios renglones de texto.

3. (**Control de contenido de imagen**): es un elemento pensado para contener una imagen. Es interesante si se rellena una ficha de datos que se complementa con una fotografía. Por ejemplo, la de un cliente. El cuadro de diálogo que se obtiene al pulsar el botón Propiedades está más limitado, puesto que no necesita tantas funciones. El usuario hará clic en el icono central para añadir la imagen, y obtendrá el cuadro de diálogo habitual para abrir documentos.

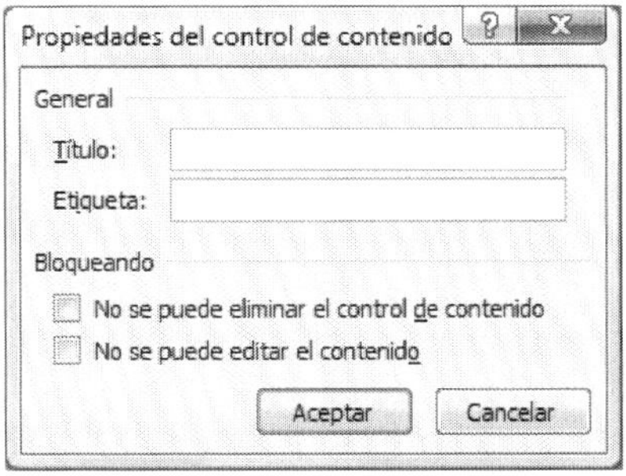

4. (**Cuadro combinado**) y (**Lista desplegable**): son elementos que están pensados para poder elegir un dato de ellos, si bien, el cuadro combinado admite que se escriban datos manualmente, lo que posibilita escribir un valor que no se encuentre en la lista, mientras que una lista desplegable sólo permite elegir uno de los datos que despliega. Cuando se utiliza el botón Propiedades en cualquiera de ambos elementos se obtiene un cuadro de diálogo cuyas funciones conocemos en su mayoría.

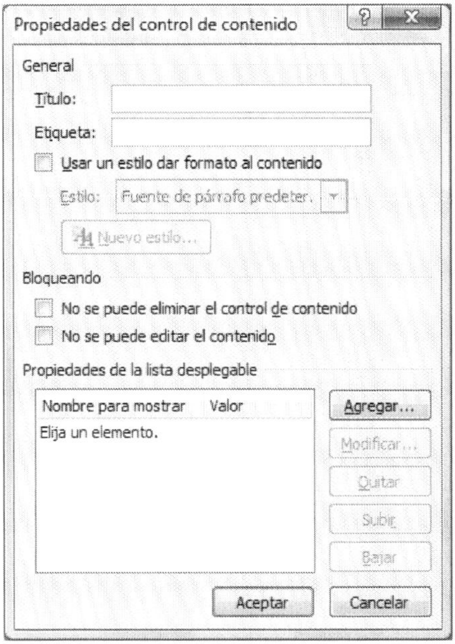

- Se utiliza el botón Agregar... para añadir uno de los datos que mostrará la lista cuando sea desplegada. Al pulsarlo, aparece un cuadro de diálogo en el que se escribe el dato en cuestión (**Nombre para mostrar**) y su **Valor** (aunque en principio esto sólo es útil para un programador).

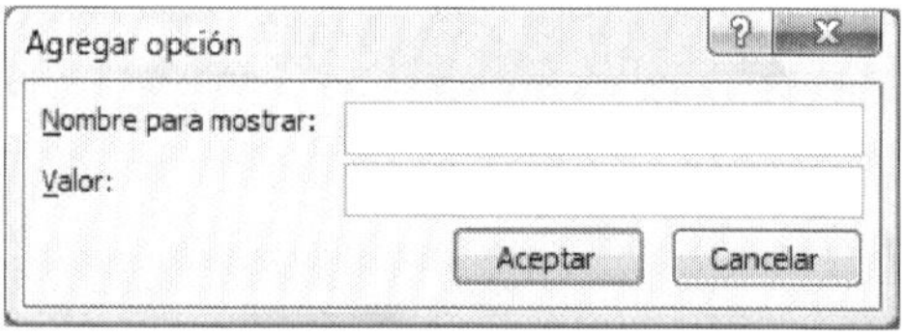

- Si se añade un dato con el botón anterior, se puede seleccionar en la lista y utilizar el botón Modificar... para cambiarlo.

- También se puede eliminar uno con el botón Quitar.

- Si es necesario alterar el orden de los datos que desplegará la lista se pueden recolocar seleccionando cada uno y empleando los botones Subir y Bajar.

5. (**Selector de fecha**): es un elemento de control que está pensado para rellenarse con una fecha elegida en un calendario desplegable. Cuando se pulsa en Propiedades la parte inferior del cuadro de diálogo que se obtiene ofrece la posibilidad de elegir el formato con el que quedará escrita la fecha:

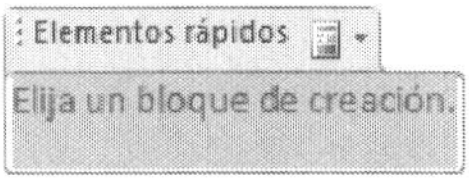

6.  (**Galería de bloque de creación**): se trata de un elemento que está pensado para contener objetos complejos como tablas o ecuaciones matemáticas. Cuando se pulsa el botón 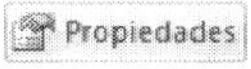 al estar situado en un objeto de este tipo, se obtiene un cuadro de diálogo en el que se elige el tipo de contenido que lo rellenará.

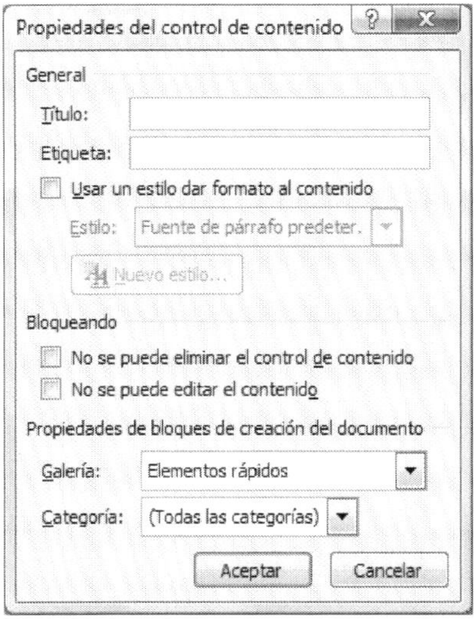

Ese dato se elige en la lista **Galería** y nos ofrece varias posibilidades.

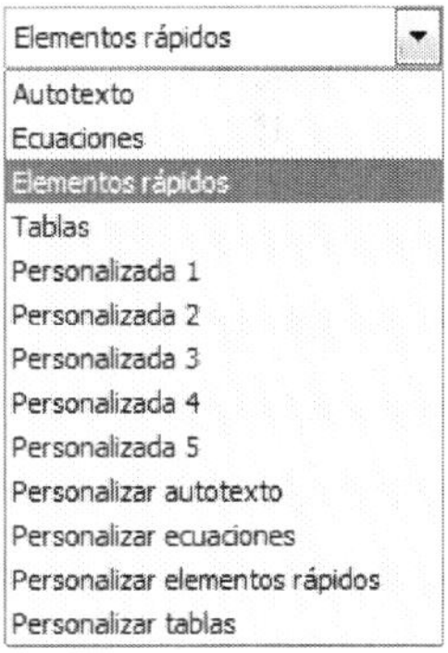

- **Autotexto** permite colocar en el objeto frases ya hechas, aunque nos ofrece pocas (nuestras iniciales y nuestro nombre, para que cada usuario pueda colocar el suyo).

- **Ecuaciones** permite colocar una ecuación matemática. Si se pulsan las teclas **ALT + =** se accede automáticamente a la ficha **Diseño** de la cinta de opciones para diseñar la ecuación.

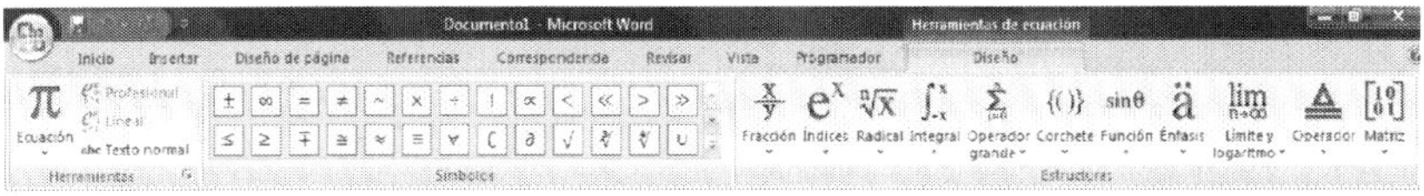

- **Elementos rápidos** permite colocar datos de ese tipo, que encontramos en la ficha **Insertar** de la cinta de opciones, dentro de su grupo **Texto**

y mediante su botón Elementos rápidos. Este botón despliega varios elementos que se pueden incorporar al objeto.

- **Tablas** permite incorporar este tipo de objetos.
- Los elementos personalizados permiten incorporar varios objetos de naturaleza distinta, mezclando, por ejemplo, texto e imágenes.

La mayoría de los tipos anteriores se complementa con la lista **Categoría**. En ella podremos elegir **General** (para construir el elemento partiendo de cero, por ejemplo una tabla) o **Integrado** (para construir el elemento partiendo de un modelo predefinido). Para utilizar este último, observe que un objeto dispone de un botón desplegable en su parte superior derecha. Al desplegarse ofrecerá la lista de posibilidades entre las que se elige una.

7. (**Herramientas heredadas**): contiene una lista con más elementos que se pueden incorporar como, por ejemplo, **Casillas de verificación**, pensadas para marcarse y desmarcarse. Se trata de los elementos de formulario de las versiones anteriores de Word para que se puedan utilizar como se hacía con ellas. También disponemos de **Controles ActiveX** a los que un desarrollador puede programar.

Formularios heredados

Vamos a detallar estos controles de formulario heredado para que se conozca su funcionamiento:

ab| **Campo de texto**. Añade un cuadro de texto en la posición del cursor. Para modificar sus propiedades haga doble clic en campo una vez añadido al texto. Obtendrá un cuadro de diálogo como el siguiente:

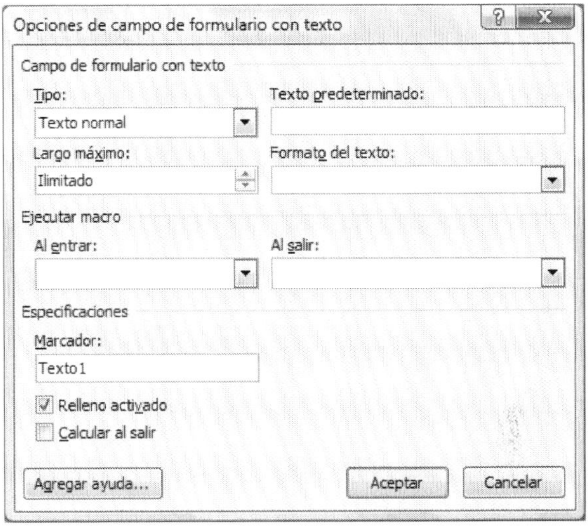

- Despliegue **Tipo** para establecer qué clase de dato contendrá el campo (texto, números, fechas, cálculos, etc.).

- Si se desea limitar el número de caracteres que se escriban en el campo, establezca el número máximo admitido en **Largo máximo**.

- Si desea que el campo ya muestre un dato inicial, escríbalo en **Texto predeterminado**. Además, puede asignarle un aspecto automático con **Formato del texto** (variaciones sobre letras mayúsculas).

- Si necesita que al entrar en el campo (o al salir) se active una macro automáticamente, elija qué macro en las listas **Al entrar** y **Al salir**.

- Asigne nombre al campo mediante el cuadro de texto **Marcador**.

- Sólo se podrá añadir, modificar o borrar texto en el campo si se mantiene activada la casilla **Relleno activado**. Si se desactiva, se protege el dato que ya esté escrito y no se podrá modificar hasta que vuelva a ser activada.

- Active la casilla **Calcular al salir** para que Word calcule la fórmula del campo cuando se pase a otro. Naturalmente, sólo funcionará si el campo contiene un cálculo.

- Mediante el botón [Agregar ayuda...] podemos añadir un texto que informe al usuario del formulario acerca de qué dato espera que sea escrito y en qué forma. Al pulsar el botón aparece un cuadro de diálogo con dos fichas. Le sugerimos que utilice la ficha **Tecla de ayuda (F1)** para teclear un texto que aparezca si el usuario pulsa la tecla **F1**.

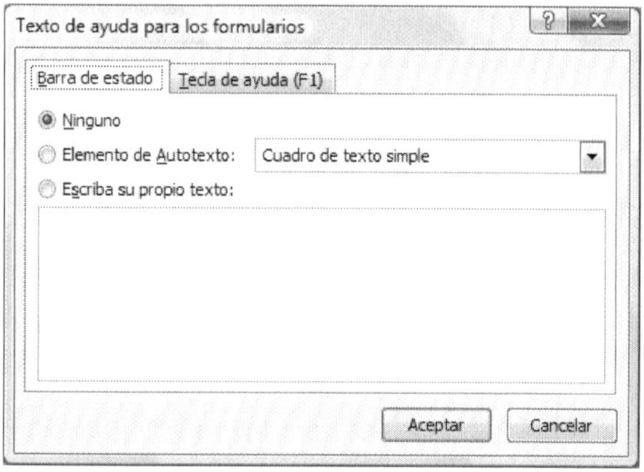

Casilla de verificación. Añade una casilla que únicamente se puede activar y desactivar. Para modificar sus propiedades haga doble clic en la casilla una vez que esté añadida al texto. Obtendrá un cuadro de diálogo como el siguiente:

- Utilice los botones de **Tamaño de la casilla de verificación** para ampliarla o reducirla. **Automático** asigna el valor según el de la letra.

- Con los botones de **Valor predeterminado** puede establecer que la casilla aparezca activada o no al abrir el documento del formulario.

- Con **Casilla activada** permite al usuario que cambie su valor.

- El resto de elementos tienen idéntica función que la que hemos detallado para los campos de texto.

Cuadro combinado. Añade una lista desplegable con la que el usuario podrá elegir opciones en ella. Para modificar sus propiedades haga doble clic en la lista una vez que esté añadida al texto. Obtendrá un cuadro de diálogo como el siguiente:

- Utilice el cuadro de texto **Elemento de la lista** para escribir los datos que deban incluirse en la lista. Cada uno que escriba deberá ser seguido de la activación del botón 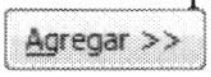

para que el dato se añada. Si necesita eliminar uno que ya esté en la lista, selecciónelo en **Elementos en la lista** y pulse el botón 

. Puede cambiar el orden de dichos elementos en la lista mediante los botones  y .

- Sólo se podrá emplear la lista (desplegándola y seleccionando opciones) si se mantiene activada la casilla **Cuadro desplegable activado**. Si se desactiva, se protege el dato que ya esté escrito y no se podrá modificar hasta que vuelva a ser activada.

- El resto de elementos tienen idéntica función que la que hemos detallado para los campos de texto y las casillas de verificación.

Insertar marco horizontal. Permite añadir un cuadro de texto flotante y emplearlo para una mejor colocación de los elementos del formulario (dentro de él, por lo que se suele dibujar en primer lugar).

Mostrar sombreado de campo. Añade un fondo gris para distinguir mejor los elementos de formulario. El mismo botón permite desactivar esa función.

Restablecer campos de formulario. Reinicia los valores de los elementos del formulario. Normalmente los vacía, pero si alguno contiene un valor predeterminado será ése el que aparezca en su campo.

PROTEGER DOCUMENTOS

Cuando se diseña un formulario, lo habitual es que se quiera que cualquier usuario que lo emplee únicamente pueda añadir información dentro de sus elementos de control y no retocar el texto de la página.

Esto se puede conseguir protegiendo el documento, si bien, es posible protegerlo de tal modo que ni siquiera se puedan emplear los elementos del formulario.

Todo el trabajo de protección se realiza pulsando el botón **Proteger documento** de la ficha **Programador** (recuerde que si no ve esa ficha, puede activarla desde el botón de Office pulsando ahí el botón 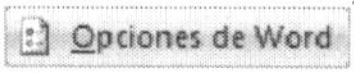

y activando la casilla **Mostrar ficha Programador** en la cinta de opciones).

El citado botón **Proteger documento** se desplegará y en él elegiremos **Restringir formato y edición**, que activa el panel de tareas a la derecha de la ventana de Word.

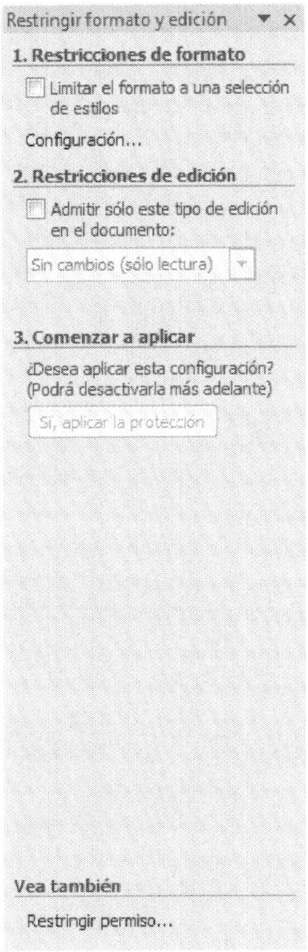

1. Si necesita limitar el cambio de aspecto del contenido de su documento, active la casilla **Limitar el formato a una selección de estilos**. Esto restringe el cambio de aspecto de párrafos y caracteres de modo que sólo se podrán cambiar seleccionando estilos. Puede hacer clic en su enlace **Configuración** para obtener un cuadro de diálogo con el que establecer qué estilos son aceptables.

2. Si necesita limitar el cambio del contenido del documento, active la casilla **Admitir sólo este tipo de edición en el documento**. Al hacerlo podrá desplegar la lista que hay inmediatamente debajo para elegir la clase de cambios que se admitirán (por ejemplo si se elige **Rellenando formularios** sólo se podrá hacer eso, rellenar los controles de formulario del documento).

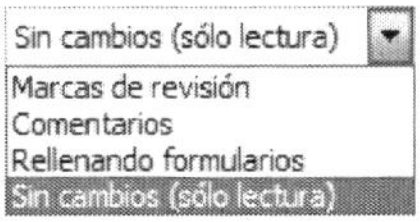

3. Al activar la casilla anterior también aparecerá un apartado especial para indicar **Excepciones**: aquellos usuarios que podrán manipular el documento a pesar de la protección.

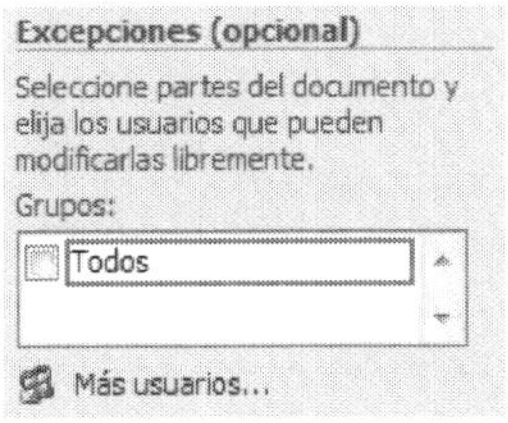

- La excepción se puede aplicar a grupos y a usuarios. Cuando se pase el puntero del ratón sobre uno (por ejemplo, **Todos**), ofrecerá un botón para desplegar el tipo de cambios que se le permite realizar en el documento.

- Con el enlace **Más usuarios** se pueden agregar usuarios a los que se les permitirá realizar cambios. Será necesario conocer su nombre de cuenta de un ordenador o su dirección de correo electrónico.

4. Cuando haya establecido las condiciones en las dos casillas anteriores, pulse el botón **Sí, aplicar la protección** para activar la protección. Esto lleva a un cuadro de diálogo como el siguiente:

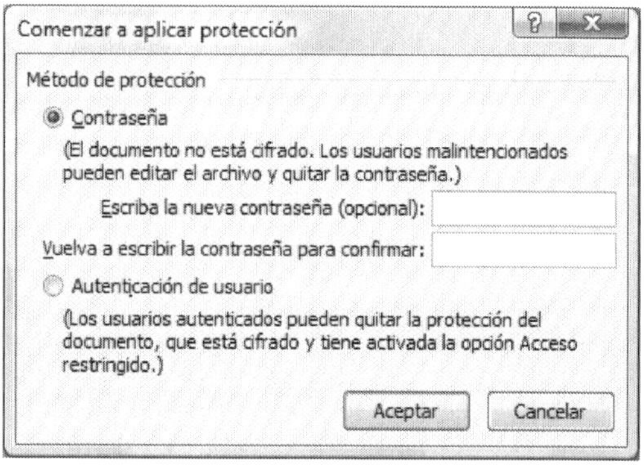

Con el se establece, si se desea, una **Contraseña** que será necesaria para desproteger el documento en el futuro. También se puede elegir, en su lugar, la **Autenticación del usuario** que requiere un servicio de credenciales que verifiquen que el usuario es quien dice ser. Por el momento, Microsoft ofrece este servicio gratuito de forma provisional, si bien es necesario darse de alta en él entregando cierta información personal a través de una cuenta de *Windows Live ID*.

Para desactivar la protección es necesario acceder al mismo panel de tareas y pulsar el botón **Suspender la protección** que se encuentra en la parte inferior de dicho panel. Si el documento se protegió mediante contraseña, se solicitará ahora para que únicamente puedan desprotegerlo aquellos que la conozcan. Si se hizo mediante autenticación, se pondrá en marcha el proceso de verificación de identidad que demuestre que se está autorizado para la desprotección.

COMPARACIÓN DE DOCUMENTOS

Cuando se tienen dos versiones de un mismo documento, tal vez uno de ellos con correcciones, puede ser difícil identificar los fallos, e incluso, cuál es el documento original y cuál el corregido.

Podríamos comparar dos documentos visualmente abriendo dos ventanas simultáneamente y visualizarlos en paralelo para localizar diferencias. Sin embargo, Word ofrece una función que automatiza el trabajo y nos ahorra tiempo y esfuerzo. El sistema se encarga de marcar las diferencias con colores y mensajes y nos ofrece una barra de herramientas con la que podemos avanzar por todas ellas fácilmente hasta completarlas.

Para poner en marcha esta función se pulsa el botón **Comparar** del mismo grupo en la ficha **Revisar** de la cinta de opciones. Esto despliega dos opciones y elegiremos, también, **Comparar**. Se ofrece un cuadro de diálogo en el que habremos de especificar los dos documentos que se van a comparar:

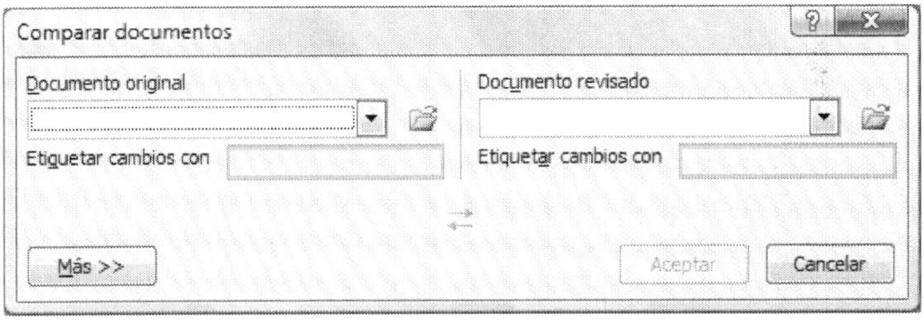

Las listas **Documento original** y **Documento revisado** son desplegables y muestran los últimos documentos abiertos por si vamos a comparar dos de ellos. Sin embargo, si los documentos a comparar no podemos encontrarlos ahí, disponemos del botón junto a cada una de las listas para buscar así ambos documentos en la carpeta y unidad de disco en que se encuentren.

Si ambos documentos tienen el mismo nombre (podría ser así y que cada uno se encuentre en una carpeta diferente), puede teclear algo en el cuadro de texto **Etiquetar cambios con** del segundo documento, con el fin de disponer de un dato que ayude a distinguir qué texto es de cada documento cuando ambos estén mezclados. Suele ofrecer el nombre del usuario con el que se creó el documento, pero se puede cambiar eso por cualquier otro dato que resulte representativo.

Cuando se pulsa el botón Aceptar Word se pone a trabajar para mezclarlos y mostrar sus diferencias. Cuando termine ofrecerá la ventana del documento dividida en cuatro paneles en los que muestra:

1. Un panel izquierdo en el que están anotadas todas las diferencias como comentarios de Word. Este panel puede desactivarse o cambiarse a forma

horizontal mediante el botón Panel de revisiones del grupo **Seguimiento** en la ficha **Revisar**.

2. Un panel central que mezcla ambos documentos y subraya en color las diferencias. Las partes añadidas con respecto al primer documento aparecen, en principio, en color rojo y subrayado, mientras que las partes eliminadas aparecen también en color rojo, pero tachadas.

3. Dos paneles a la derecha, uno encima de otro, mostrando el contenido original de cada uno de los documentos respectivamente.

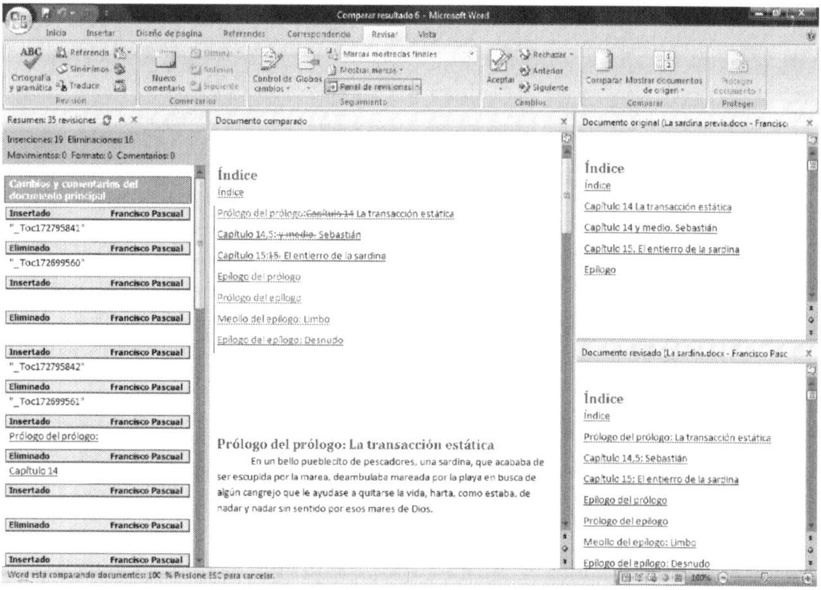

Los botones Anterior y Siguiente del grupo **Cambios** nos llevan a la diferencia anterior y siguiente, respectivamente.

El botón **Aceptar** permite dar por válidos los cambios. Este botón se despliega y se elige si se va a aceptar el cambio (para igualar ambas versiones). Puede cambiar sólo una, todas las que estén a la vista o absolutamente todas.

El botón Rechazar permite rechazar los cambios. Este botón desactiva las diferencias sin igualar los documentos. También permite eliminarlas.

DOCUMENTOS MAESTROS Y SUBDOCUMENTOS

Cuando un documento alcanza un tamaño elevado resulta pesado trabajar con él puesto que necesitará mucha memoria para conservarse activo y el sistema probablemente emplee el disco duro en lugar de la memoria para su manipulación. Dado que el disco duro es sensiblemente más lento que la memoria RAM del ordenador, podremos apreciar cómo el trabajo con el documento se retarda considerablemente. Una alternativa para evitar este problema consiste en dividir un documento grande en otros más pequeños relacionados entre sí.

Además, si se trabaja un documento en equipo, cada uno de sus miembros tendrá que encargarse de una parte, lo que implica que inicialmente tendrá que trabajarse en un documento fraccionado.

Para todo esto, Word ofrece la posibilidad de trabajar con funciones automatizadas para documentos fraccionados y relacionados entre sí. El método consiste en emplear un documento como maestro y a él se le encadenan los llamados subdocumentos.

El trabajo se genera desde el modo **Esquema** al que puede accederse desde la ficha **Vista** de la barra de opciones, pulsando el botón Esquema del grupo **Vistas de documento**. Esto añade una ficha más a la cinta de opciones llamada **Esquema** cuyo contenido nos ayudará a manejar el documento principal y los subdocumentos:

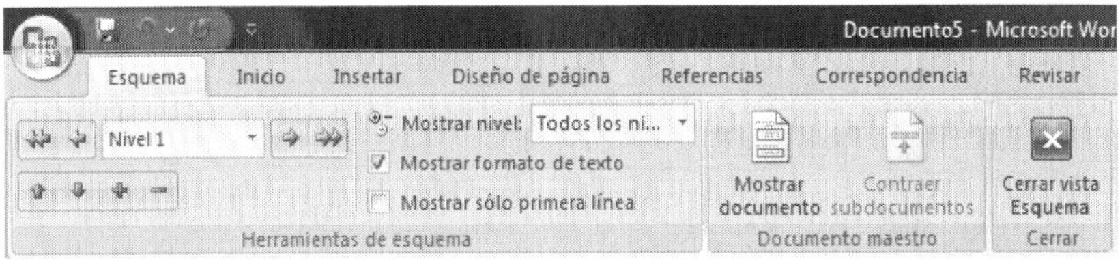

Cuando se pulsa el botón **Mostrar documento**, el grupo **Documento maestro** se amplía mostrando los siguientes elementos:

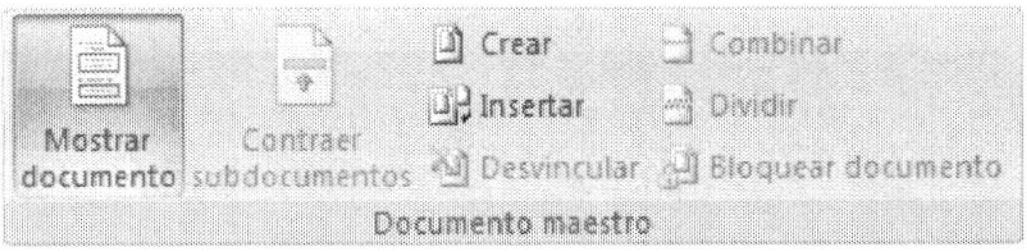

1. Con el botón Crear se crea un subdocumento en el documento actual partiendo de cero (éste último actuará como documento maestro a partir de entonces). Cuando se vaya a guardar el documento, Word solicitará un nombre más que será el que reciba el archivo del nuevo subdocumento.

2. Con el botón Insertar se añade un subdocumento al maestro. El nuevo subdocumento será un archivo Word que esté guardado en el disco.

3. Con el botón Desvincular se independiza un subdocumento (que debemos haber seleccionado previamente haciendo clic en él) del documento maestro.

4. Con el botón Dividir se transforma una parte de un subdocumento en otro subdocumento independiente. Para ello hay que situarse antes en un punto cualquiera de un subdocumento, para indicar el sitio a partir del que se desea realizar la división.

5. Con el botón Combinar se reúnen dos o más subdocumentos en uno sólo. Para que este botón funcione es necesario seleccionar esos subdocumentos y ello se realiza haciendo clic en el icono ▤ que encabeza cada subdocumento (al principio de cada uno) manteniendo pulsada la tecla de **MAYÚSCULAS** cuando se hace el clic en cada icono.

6. Con el botón Bloquear documento se fija un subdocumento para que no pueda ser modificado por error. Este botón puede volver a pulsarse para desbloquear el subdocumento.

7. Con el botón **Contraer subdocumentos** se pliegan todos los subdocumentos que están vinculados al documento maestro. El botón, entonces, cambia de rótulo, pasando a llamarse **Expandir subdocumentos**, de modo que si se pulsa, vuelven a desplegarse todos y, por tanto, a ver su contenido.

Cuando están expandidos los subdocumentos y mientras no vayamos a realizar ninguna acción propia de éstos, podemos cerrar el modo esquema, con lo que podremos trabajar como si se tratase de un único documento. Bastará con pulsar de nuevo el botón Esquema para acceder nuevamente a las funciones de documento.

EJERCICIOS

I) Creación de macros sencillas

Vamos a definir una macro sencilla cuya finalidad sea activar el tipo de letra negrita, la cursiva y un tamaño de letra de 15 puntos.

1. Acceda a la ficha **Vista** de la cinta de opciones y, en su grupo **Macros**, despliegue el botón que lleva ese mismo nombre. Seleccione **Grabar macro**. No olvide asignar un nombre a la macro.

2. Cuando la macro esté grabando, active, por orden, las funciones que hemos indicado (negrita, cursiva y tamaño de letra de 15 puntos). Puede conseguirlo todo fácilmente desde la ficha **Inicio** de la cinta de opciones.

3. Cuando termine, acceda de nuevo a la ficha **Vista**, despliegue el botón **Macro** y seleccione **Detener grabación**.

4. Luego, despliegue el botón ▾ en la barra de herramientas de acceso rápido y seleccione la opción **Más comandos**.

5. En el cuadro de diálogo que obtenga, despliegue **Comandos disponibles en** (Comandos más utilizados ▾) y seleccione **Macros** para encontrar la que ha diseñado antes. Haga clic en ella y pulse el botón Agregar >>. Podrá ver como la macro se añade a la lista de la derecha y podrá pulsar el botón Modificar... para asignarle un icono y un texto que aparezca cuando el ratón se detenga unos instantes sobre él.

6. Repita este ejercicio con otros tipos de letra e intente crear macros para otras funciones de Word, como Imágenes o Tablas.

7. Si lo desea elimine los botones y las macros que haya creado.

II) Gráfico de notas de un trimestre

1. Recuerde el botón de la ficha **Insertar** con el que añadimos gráficos al texto: **Gráfico**.

2. Realice con él el siguiente gráfico con los datos que le sugerimos en la tabla:

	Informática	Contabilidad	Inglés
Octubre	7,5	6	9
Noviembre	8	6,5	8
Diciembre	9	6	7

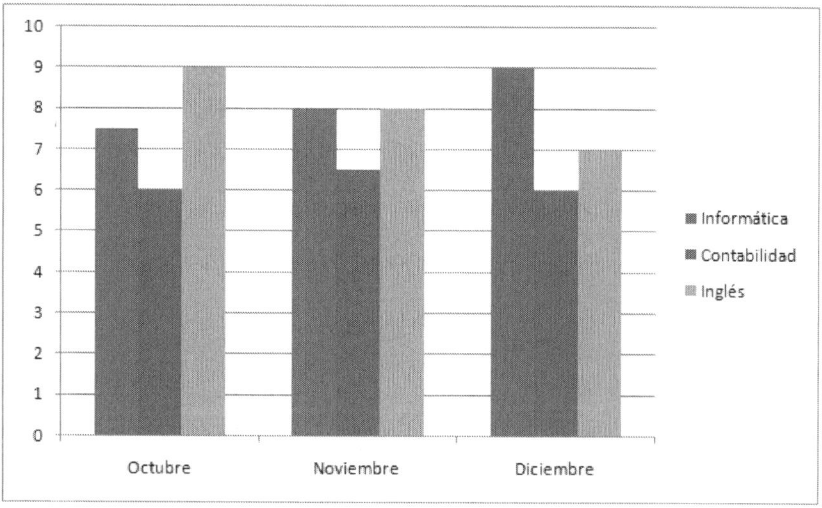

3. Modifique el gráfico para obtener otros aspectos (de líneas, de anillos, etc.).

4. Modifique el contenido de la tabla para obtener variaciones del resultado.

III) Diploma personalizado

1. Genere una carta para cinco supuestos clientes a los que hacemos un regalo. La carta deberá contener como campos el nombre del destinatario, su primer apellido, el segundo y el premio que debe recibir.

2. Genere otro documento personalizado para imprimir un mismo diploma para varios alumnos. Observe que hemos incluido un rótulo de WordArt, una imagen prediseñada (localizada buscando la palabra *graduación*) y que hemos diseñado el documento apaisado. Una sugerencia: firme un papel y digitalícelo con un escáner, para incorporar la firma en el lugar correspondiente al director.

Centro de formación La Esponja

El centro de formación La Esponja, tiene el honor de expedir el presente diploma para Don/Doña **«Nombre» «Primer_Apellido» «Segundo_Apellido»** por haber superado con éxito las pruebas de nivel del curso de **«Curso»**.

El Director **El alumno**

Justo Recto Tieso **«Nombre» «Primer_Apellido» «Segundo_Apellido»**

IV) Etiquetas postales

Genere datos para cinco etiquetas postales que contengan los datos que ofrecemos a continuación así como su aspecto:

Sr. D. «Nombre» «Apellidos»
C/ «Dirección»
«Código postal» - «Ciudad»

ÍNDICE ALFABÉTICO